Le Parfait
Guide Manuel
du Pêcheur

(1882)

AF296381

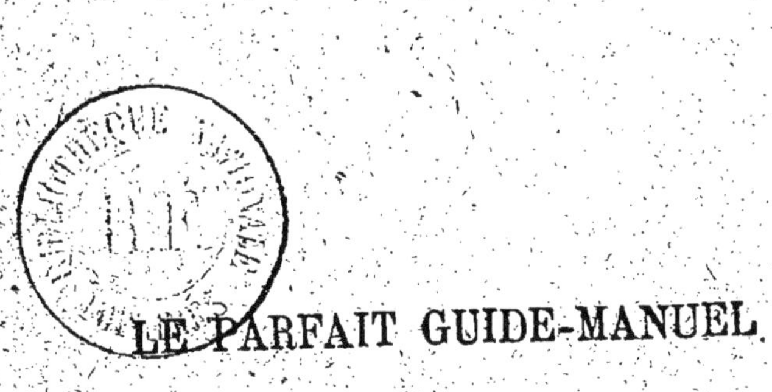

LE PARFAIT GUIDE-MANUEL

DU PÊCHEUR

Le parfait Pêcheur.

LE PARFAIT
GUIDE-MANUEL
DU
PÊCHEUR

CONTENANT

La description des instruments de pêche et appâts
naturels et artificiels,
les différentes sortes de pêches à la ligne et aux filets
dans les rivières et les étangs,

PRÉCÉDÉE ET SUIVIE D'UN

CALENDRIER, D'UN VOCABULAIRE
ET D'UN CODE DU PÊCHEUR
Ouvrage orné de gravures

AUGMENTÉ D'UN APERÇU

SUR LA PISCICULTURE ET LES AQUARIUMS

PARIS
LE BAILLY, ÉDITEUR
rue de l'Abbaye-Saint-Germain-des-Prés, 2 *bis.*

BIBLIOTHÈQUE

TABLE

INTRODUCTION.

La pêche est l'exploitation des produits que recèlent dans leur sein les éléments liquides. Le règne animal fournit à la pêche des aliments innombrables autant que variés, soit que le pêcheur
pourchasse les monstres des mers, soit qu'il tende
ses embûches aux poissons de toute sorte qui
peuplent les eaux.

Si nous voulons remonter à l'origine de la pêche,
nous la trouverons aussi ancienne que l'humanité.
Le besoin rend ingénieux, et, dès que les premières
nécessités de l'existence se firent sentir aux hommes, ils cherchèrent tous les moyens de s'approprier les divers aliments que leur offrait la nature. Les rivières, les fleuves, les bords de la mer
offraient à leurs riverains de précieuses ressources;
aussi ceux-ci songèrent-ils à en faire leur profit.
On s'était, dans le principe, borné à recueillir les
poissons que les eaux jetaient sur les plages; on
songea bientôt à aller jusqu'au sein même des eaux
chercher leurs précieux habitants. La pêche fut
inventée. Elle devint un art. Les procédés, les instruments employés dans l'antiquité devaient être,
à quelques perfectionnements près, dus au temps
et à l'expérience, les mêmes que ceux employés
aujourd'hui. Leur simplicité toute primitive suffirait à le prouver. La ligne, le filet, le hameçon, le
harpon étaient en usage chez les anciens. Moïse
Homère, eux-mêmes, en font mention.

Créée par les nécessités de la vie, la pêche, qui

est pour beaucoup de peuples la principale alimentation, a subi, comme tous les arts, les effets des progrès accomplis par les hommes toujours en quête d'améliorations. D'abord simple pourvoyeuse, elle devint commerçante et raffinée à mesure que les sociétés devinrent commerçantes et civilisées, et que le luxe envahit les États. Elle est aujourd'hui une des plus grandes industries du monde; grandissant avec l'humanité, elle a, elle aussi, étendu son empire sur les mers les plus reculées. Elle ne se contente pas d'exploiter les fleuves, les rivières, les étangs; comme les plus hardis navigateurs, elle a vu les dernières limites du monde. Elle est un empire, aussi a-t-elle ses lois.

Nous nous occuperons seulement dans ce volume de la pêche fluviale. On comprend sous cette dénomination la pêche de rivières, de fleuves et d'étangs. Bien inférieure comme industrie à la pêche maritime, elle a pour uniques débouchés les halles et marchés; mais, en revanche, elle est à la portée de tous; sans dangers, elle est une excellente et innocente récréation. Pour être un bon pêcheur, il faut surtout de la patience. Voyez-vous ce bon bourgeois lançant avec précaution sa ligne à l'eau. Quelle anxiété se peint sur son visage! Quelle comique déception lorsqu'il retire son appât infructueusement! Quelle joie enfantine lorsque le poisson frétille au bout de l'hameçon!

Puissent les amateurs et les pêcheurs de profession s'intéresser à la lecture de cet humble livre, qui traite d'un art si intéressant et si agréable!

GUIDE-MANUEL

DU PÊCHEUR

CHAPITRE Ier.

Calendrier du Pêcheur.

Comme la pêche a ses lois, elle a ses principes. Un pêcheur ne doit pas ignorer à quel mois il doit, de préférence, pêcher tel ou tel genre de poissons. Le calendrier du pêcheur est une des parties essentielles d'un traité de pêche.

JANVIER.

Le pêcheur à la ligne pêche spécialement en janvier le brochet, les chevennes, le gardon. On pêche aussi l'anguille, mais seulement avec fruit lorsque l'hiver est peu rigoureux. La pêche sous la glace, surtout, est amusante autant que fructueuse. La pêche au filet et à la nasse est aussi très-lucrative. On pêche pendant ce mois de onze heures du matin à trois ou quatre heures du soir.

FÉVRIER.

Si le temps est beau, si le temps est rigoureux, le pêcheur à la ligne et au filet peut trouver en abondance, outre le brochet, les chevennes et le gardon qui se pêchent en janvier, de la perche et de la carpe. Le brochet, pour être pris plus facilement, doit être amorcé avec du petit poisson.

MARS.

En ce mois-ci, on trouve en quantité le saumon, la carpe, la truite, l'ombre, le goujon. La pêche à la ligne seule est productive, celle au filet est, pour ainsi dire, nulle. C'est en mars que commence le frai des poissons.

AVRIL.

Le mois d'avril où le pêcheur à la ligne pêche spécialement dans les courants, est fécond en brèmes, barbillons, carpes, brochets, gardons, chevennes, tanches, truites, vandoises, ombres, saumons, éperlans, ablettes, goujons. La pêche au filet est encore plus insignifiante qu'au mois de mars.

MAI.

Les mêmes poissons qu'en avril se trouvent en ce mois-ci. On commence à rencontrer quelques anguilles. La pêche, fructueuse pour le pêcheur à la ligne, est tout à fait nulle pour le filet.

JUIN.

La truite, l'ombre, le brochet, le saumon, la carpe, la perche, le barbeau, les chevennes, la brême, la tanche, les vandoises, goujons, gardons, ablettes, éperlans, anguilles, offrent aux pêcheurs à la ligne et au filet des produits abondants. Seulement, le poisson fatigué par le frai a perdu quelques-unes des qualités qui le recommandaient comme un des mets les plus délicats. « En ce mois, dit M. Renauld, dans son *Parfait pêcheur à la ligne et au filet*, on doit amorcer les petits poissons avec l'asticot, le barbillon avec le fromage de gruyère, les anguilles avec des vers de terre, les perches et les tanches avec des vers rouges, les brochets avec de petits poissons, les chevennes, les gardons et les vandoises, avec du sang caillé, des hannetons ou des cerises. »

JUILLET.

On trouve l'anguille, l'ablette, l'éperlan, le goujon, la vandoise, les brêmes, gardons, tanches, chevennes, barbeaux, perches, la carpe, le brochet, l'ombre, le saumon, la truite. On pêche seulement le matin et le soir; dans la journée la pêche est presque nulle. C'est avec du blé cuit qu'on prend les barbons, les chevennes et les brêmes. On amorce l'anguille avec des vers de terre et des goujons.

AOUT.

Truite, brochet, ombre, saumon, éperlan, barbeau, carpe, perche, tanche, chevenne, brême, gardon, vandoise, goujon, ablette, éperlan, anguille. La pêche se fait comme au mois d'avril, c'est-à-dire surtout dans les courants et les remous.

SEPTEMBRE.

On trouve des brochets, des perches, des chevennes, des vandoises, des gardons, des barbeaux, des carpes, des tanches, des goujons, des ablettes, des éperlans. Le mois de septembre est aussi peu favorable au pêcheur à la ligne qu'il est productif pour le pêcheur au filet, parce que le poisson quitte les bords de l'eau pour se retirer dans les bas-fonds des fleuves et des rivières.

OCTOBRE.

Les pêcheurs au filet font en ce mois des pêches fructueuses. Les poissons se sont tout à fait retirés dans les eaux profondes. On trouve en octobre des brochets, des perches, des chevennes, des goujons, des vandoises, des gardons.

NOVEMBRE.

Ce mois, encore très-propice aux pêcheurs au filet, est peu favorable au pêcheur à la ligne, qui ne peut guère espérer prendre quelques pièces de poisson que de midi à trois heures du soir. On trouve des vandoises en petite quantité, mais des perches, des chevennes, des gardons et des brochets en grand nombre.

DÉCEMBRE.

Ce mois est abondant en brochets, perches, chevennes. Le pêcheur au filet fait de riches prises,

Le pêcheur à la ligue ne peut espérer de prendre quelques rares poissons que sous la glace, encore faut-il que la température soit rigoureuse.

Voici le calendrier de la pêche, aussi précieux pour le pêcheur que les almanachs de Mathieu de la Drôme et du *double* Liégeois pour tout le monde en général et les agriculteurs en particulier.

CHAPITRE II.

Instruments de pêche.

PÊCHE A LA LIGNE.

Empruntons à M. Kretz aîné (à qui ont succédé MM. Blanchard et Moriceau, fabricants d'ustensiles de pêche et de chasse, quelques lignes sur les ustensiles qui doivent composer l'arsenal du vrai pêcheur à la ligne.

« Le pêcheur à la ligne doit être approvisionné de cannes à pêche nécessaires pour la pêche du fond, celle de la carpe et du brochet, et pour la pêche à la mouche. Il doit avoir des lignes en crin, en soie, en crin et soie, en boyaux de vers à soie de différentes grosseurs et longueurs, des flottes et des bouchons de diverses dimensions, en raison de la profondeur des eaux où il pêche ; des hameçons de différents numéros, simples et doubles, empilés sur crin, soie, boyaux de vers à soie, cordon de guitare ; il faut aussi qu'il ait dans sa trousse un assortiment d'émérillons.

« Le pêcheur doit encore se munir de moulinets propres à contenir ses lignes, qui doivent porter 30 à 50 mètres pour la pêche de la carpe, du brochet, de la truite et du saumon; il faut qu'il ait une sonde garnie de liége pour prendre la profondeur de l'eau; une aiguille à amorcer; un anneau en cuivre pour décrocher sa ligne quand elle se trouve prise dans les herbes; une épuisette pour saisir le poisson qui a mordu et un filet pour le conserver vivant tout le temps que le pêcheur tient sa ligne. Un panier, enfin, qui se porte sur le dos, au moyen d'une courroie en cuir, doit compléter son équipage. Le pêcheur ne doit pas surtout oublier de se munir d'hameçons, de lignes et d'ustensiles de rechange, afin de parer aux accidents qui pourraient arriver. »

CANNES A PÊCHE.

Le pêcheur doit apporter le plus grand soin dans le choix des cannes, car c'est là la pièce essentielle de son arsenal. On distingue quatre cannes de pêche principales :

1° la canne qui sert à la pêche des petits poissons, tels que le goujon, l'ablette, etc., qui doit être très-légère et n'a que de 3 m. à 3 m. 25 de longueur. Trois pièces concourent à la formation de cette canne : deux complétement creuses, en roseau ou en bambou; une troisième en baleine, d'à peu près 3 millimètres de diamètre, qui porte à son extrémité l'anneau à l'aide duquel on fixe la ligne. La façon de monter cette canne est des plus simples; on n'a tout simplement qu'à visser l'une à la suite de l'autre ces trois parties différentes. Pour la démontér, on n'a qu'à pousser la baleine, c'est-à-dire le scion, dans le roseau du milieu, qui poussé lui-même s'introduit dans la première partie. Ainsi démontée, la canne ne gêne pas plus celui qui la porte que s'il avait à la main une canne ordinaire. (V. fig. 1.)

2º La deuxième sorte de canne est celle dont on se sert pour la pêche des poissons de moyenne grosseur. Elle est longue de 5 m. à 5 m. 20 et faite ordinairement de bambou ou de bois flexible et percé. Le pêcheur expert préfère pour sa légèreté la canne en bambou à toute autre. Quatre pièces forment cette canne qui se monte et se démonte absolument comme la précédente. Les quatre pièces s'introduisent l'une dans l'autre. (V. fig. 2.)

3º La canne pour les gros poissons comme la carpe le brochet, etc., qui doit être raide et fort solide et, par conséquent, faite de noyer d'Amérique, de bambou ou de tout autre bois fort sec et être garnie d'anneaux pour servir avec le moulinet. Elle se compose de quatre ou cinq parties qui se vissent les unes à la suite des autres; chez plusieurs cannes de cette sorte, la longueur atteint jusqu'à 6 mètres.

4° Les cannes dont on se sert
pour la pêche à la truite avec la
mouche artificielle et qui, tout en
étant solides, doivent être surtout
très-flexibles. Elles se composent
de quatre parties longues chacune
d'environ 1 m. 30 c. et doivent
être, ainsi que les cannes destinées aux gros poissons, faites de
noyer, de bambou ou de frêne, et
le plus souvent en pièces complétement pleines, ce qui, sans leur
ôter leur flexibilité, les rend plus
solides. Elles doivent aussi être
garnies de moulinets et d'anneaux
de cuivre. (V. fig. 3.)

Fig. 3.

LA LIGNE.

On donne le nom de ligne à la
ficelle qu'on attache au scion qui
forme l'extrémité de la canne. La
ligne se fait le plus souvent de crin blanc, de soie,
de fils retors ou de fil de pitte très-fort, tiré des
feuilles de l'agavé, arbre d'Amérique. La longueur,
la grosseur de la ligne varient suivant l'espèce de
pêche que l'on pratique et les poissons qu'on veut
attraper. Pour la pêche ordinaire les deux pièces
voisines de l'hameçon doivent être de deux crins;
les deux pièces au-dessus tout de trois crins,
les trois suivantes de quatre en augmentant gra-
duellement, de sorte que la ligne devienne de plus
en plus fine à partir de la canne jusqu'à l'hameçon.

La couleur de la ligne est pour beaucoup dans le succès de la pêche ; la couleur verte est la plus usitée, parce que, étant de la couleur de l'eau, elle trompe plus aisément les poissons, ne les effarouchant pas. La qualité essentielle d'une ligne est d'être surtout égale et droite ; autrement elle se détord dans l'eau en agitant le bouchon, ce qui effraye le poisson. La ligne en soie, surtout, est sujette à cet inconvénient ; on le prévient en passant la ligne à l'huile grasse ou au vernis. La ligne est faite selon l'usage qu'on en veut faire. On pêche les petits poissons avec une ligne en crin, les moyens poissons avec une ligne en boyaux de vers à soie ou en soie fine ; pour la pêche du gros poisson on emploie de la soie et des crins enlacés. Un bon pêcheur, s'il fait lui-même sa ligne, doit surtout savoir faire le nœud double, qui consiste à faire passer deux fois les bouts autour de la boucle qu'on forme ; ce nœud s'il est fait soigneusement, ne se relâche jamais dans l'eau.

De l'hameçon. On appelle hameçon un crochet d'acier recourbé, destiné à retenir l'appât avec lequel on attire le poisson. La branche la plus courte est pourvue d'un dard dont la pointe est opposée à celle qui termine la branche, de façon que le poisson ne puisse échapper une fois que l'hameçon s'est introduit dans l'intérieur de sa bouche. La grande branche se termine par un aplatissement, quelquefois aussi par un anneau. L'hameçon doit être nécessairement proportionné à la grosseur du poisson. (V. fig. 4.)

L'Angleterre à la spécialité de la fabrication des hameçons ; l'Allemagne lui fait une vaine concurrence, ses produits sont mauvais. En France on n'en fabrique pas du tout.

Des plombs. On leste les lignes avec des plombs

de chasse n° 1, 3 et 5, fendus jusqu'à la moitié pour pouvoir être fixés. Il est bon, pour que la ligne ne vacille pas et que l'appât tienne bien au fond de

Fig. 4.

l'eau, de mettre trois ou quatre morceaux de plomb à quelque distance les uns des autres.

Flottes, bouchons. Les flottes et les bouchons servent à soutenir la ligne sur la surface de l'eau, tout en maintenant l'hameçon à la distance du fond qu'exige le genre de pêche auquel on se livre. Plus le courant d'une rivière est rapide, plus il faut mettre de plomb à la ligne. Le bouchon varie en proportion du plomb dont on garnit la ligne; par conséquent, plus on met de plomb, plus le bouchon doit être volumineux, de sorte que la partie supérieure du bouchon et de la flotte soit facilement visible sur l'eau, ce qui est essentiel, puisque c'est d'après le mouvement imprimé par le poisson pris à l'appât qu'on saisit le moment propice pour piquer. Il existe une dizaine de sortes de flottes, en liège, en plume, en roseau, en bambou et écaille, en ivoire. Minces aux deux extrémités, elles sont renflées vers le milieu. Celles qui sont grosses au-dessus du milieu

résistent davantage au courant, surtout lorsque l'eau
est agitée par le vent. (V. fig. 4 *bis.*)

Fig. 4 *bis.*

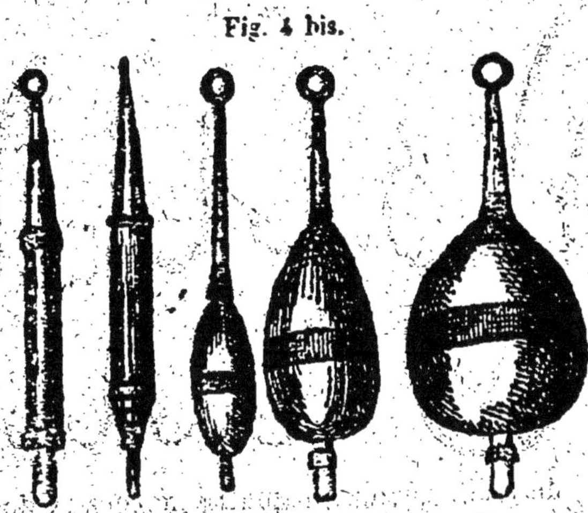

Principalement pour la pêche du gardon et dans
les eaux dormantes, on fixe ces flottes à la ligne par
un coulant en plume garni à chaque bout de fil
poissé ; au moindre tiraillement, à la plus légère
morsure, on la voit aussitôt plonger. Dans les eaux
courantes, on se sert de préférence des flottes en
liége, parce que, supportant beaucoup de plomb,
l'hameçon amorcé passe plus doucement sur le fond.

Les plioirs. Le plioir est un morceau de bois
plat, échancré aux deux bouts pour recevoir la
ligne. (V. fig. 5.)

Le plus ordinairement, le plioir est en roseau ;
on en fait également avec du sureau ou n'importe
quel morceau de bois, pourvu qu'il soit étroit et
mince. Quand on veut rouler une ligne sur un plioir,
il faut d'abord placer l'hameçon dans l'échancrure,
puis on enroule la ligne dans chacune des échan-
crures et, une fois la ligne repliée, pour qu'elle ne
se déroule pas, on en arrête le bout dans la fente

pratiquée sur un des côtés du plioir. Une remarque essentielle, c'est qu'il faut avoir soin de bien faire sécher la ligne avant de la replier, si on ne veut pas qu'elle perde de sa souplesse et de sa solidité.

Le moulinet. C'est un petit appareil qui se fixe à la base de la canne. C'est au moulinet que s'enroule la ligne qui, ensuite, passe par une série de petits anneaux placés de distance en distance le long de la canne. (V. fig. 6.)

Un gros poisson mord-il en tirant fortement sur la ligne, on doit rapidement dévider le moulinet, donner de la ligne afin qu'elle ne soit pas rompue. Le poisson pris s'élance dans le courant ; on lui permet d'entraîner la ligne, on le laisse se fatiguer et, dès qu'on sent la résistance moins grande, on s'en rend facilement maître en repelotonnant la ligne sur le moulinet.

L'épuisette. C'est un petit cerceau fixé au bout d'un bâton ; au cerceau est solidement attaché un filet en forme de poche. Lorsque le poisson qu'on vient de prendre est trop volumineux et pourrait faire rompre la ligne, on passe sous lui l'épuisette pour le retirer de l'eau, chose qui serait difficile avec la ligne, le poisson s'agitant surtout avec furie lorsqu'il se sent retirer de l'eau. (V. fig. 7.)

Anneau à décrocher. C'est un anneau en cuivre de 70 millimètres de diamètre et du poids de 90 à 100 grammes. Il sert à dégager l'hameçon pris dans les herbes ou les pierres qui tapissent le fond ou le bord de l'eau. On y attache une ficelle de 6 m. 50 à 8 m. 10. La ligne est-elle prise à un objet quelconque, on passe dans l'anneau la canne de la ligne et on le laisse filer jusqu'à l'obstacle qui a accroché l'hameçon. Le poids de l'anneau brise cet obstacle et dégage presque toujours l'hameçon : on tire alors avec précaution la ficelle et la ligne, en tenant la ligne d'une main, et la ficelle de l'autre. Les anneaux préférés sont ceux qui s'ouvrent à charnière, surtout si la canne est garnie d'un moulinet au-dessus duquel il serait impossible de les faire passer sans charnière. (V. fig. 8).

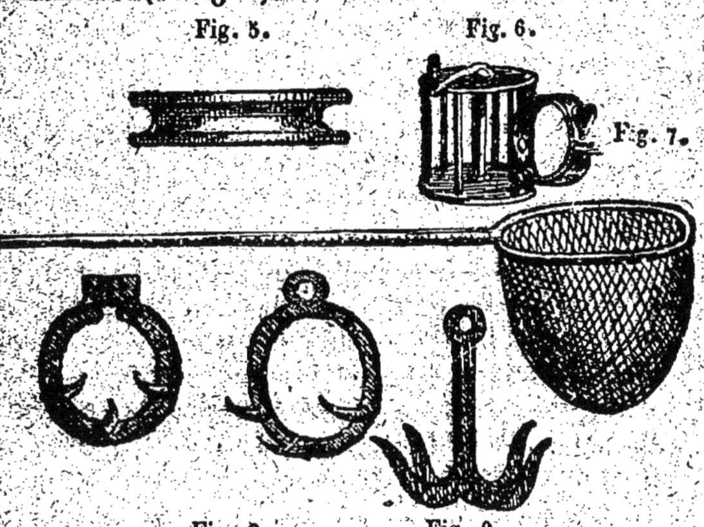

Fig. 5.   Fig. 6.   Fig. 7.

Fig. 8.   Fig. 9.

L'émerillon. On appelle émerillon une sorte de petite clef qui joint l'un à l'autre deux fils séparés d'une ligne. Tournant en tous sens, il suit les mouvements du poisson qui a mordu à l'hameçon et empêche que la ligne ne se brise. L'émerillon est surtout employé pour les lignes qui pêchent la truite, l'anguille, le brochet, et les gros poissons en général.

La sonde. Le pêcheur doit connaître la profondeur de l'eau dans laquelle il jette sa ligne, afin de savoir la distance qui doit exister entre la flotte et l'hameçon. La sonde sert à mesurer cette profondeur : c'est un morceau de plomb qui, le plus souvent, a la forme d'un cône. On y attache pour le suspendre une ficelle garnie de nœuds de décimètre en décimètre, au moyen d'un anneau de cuivre qu'il porte à sa partie supérieure, ou d'un simple trou qu'il porte à son sommet.

Le grappin, harpon ou harpion. Le grappin est un instrument précieux pour les pêcheurs qui s'en servent pour retirer de l'eau les objets, épines, racines, herbes où la ligne pourrait s'embarrasser. C'est un morceau de fer dont une extrémité est armée de trois ou quatre crochets. Il en est de différentes grandeurs, de 90 grammes à 3 kilogrammes de poids. (V. fig. 9.)

Dégorgeoir. C'est un instrument en fer, en cuivre, en corne ou en ivoire, de 15 à 18 centimètres de longueur, se terminant par une petite fourche dont les pointes sont émoussées. On s'en sert pour retirer l'hameçon de la gorge du poisson, en faisant descendre la fourche le long de l'hameçon qui, repoussé en arrière, se dégage sans difficulté.

Nous venons de donner des détails sur les principaux instruments indispensables pour la pêche; nous terminerons ce chapitre en disant quelques mots des accessoires qui sont l'attirail des pêcheurs.

Un pêcheur véritable doit être muni des objets suivants : l'*aiguille à amorcer* qui est d'acier et avec laquelle on enfile le petit poisson employé comme amorce vivante. La *trousse* qui est un sac en peau dans lequel on met les lignes et autres ustensiles. La *boîte de fer-blanc*, où l'on met les vers de terre. Une *boîte ovale en fer-blanc* percée de trous à son extrémité supérieure et où l'on renferme les petits poissons vivants. Le *sac de toile* pour les vers de viande ou asticots. Enfin un panier ou un filet pour déposer les produits de la pêche. Tous objets fort simples comme très-utiles, et dont il n'est certes pas nécessaire de faire la description.

CHAPITRE III.

Appâts naturels et artificels.

MANIÈRE D'AMORCER LES HAMEÇONS.

Appâts naturels. Les poissons, quelle que soit leur espèce, sont d'une grande voracité. Insectes, fruits, graines, petits animaux, ils dévorent tout ce qu'ils rencontrent. Cependant, les mêmes appâts ne conviennent pas à tous, et l'on doit les modifier selon le poisson que l'on pêche.

Le plus grand nombre des poissons d'eau douce préfère les vers, les insectes, les asticots, les vers de fumier, connus sous le nom de *achées*. Pour le saumon, la truite, la carpe, la brême, on emploie avec succès les vers qu'on trouve dans l'iris aquatique et ceux qui rongent les fruits.

Les vers de terre se procurent facilement. Pour en obtenir, on n'a qu'à enfoncer un piquet dans la terre en le tournant avec force de sorte que la pression qu'il fait subir à la terre force les vers à sortir. On peut aussi répandre sur le terrain de l'eau qu'on aura fait bouillir avec des feuilles de noyer, on voit bientôt sortir les vers. Le même résultat s'obtient avec de l'eau salée. La nuit et par les temps de pluie on trouve des vers en très-grande quantité, rampant à la surface de la terre. On se sert également avec succès des larves qui pullulent dans la tannée, dans les trous des vieux arbres, dans les mares. Des vers fort estimés des pêcheurs sont ceux qu'on trouve spécialement sur les fumiers de vache et de porc. Quant aux vers de viande ou asticots dont on se sert avec le plus grand avantage, ils ont le défaut d'exhaler une odeur fétide. Voici, selon M. Lambert Saint-Ange, le moyen d'éviter ce grave inconvénient et d'avoir des vers aussi beaux qu'excellents pour la pêche : « On sèche bien une quantité d'ablettes et autres petits poissons, on les met dans un vase de terre vernissé, que l'on expose non bouché dans un jardin, une cour, un grenier, sur la fenêtre, afin que la mouche vienne y déposer sa larve ; au bout de quelque temps, les vers sont formés ; on ajoute alors une poignée ou deux de son et on continue d'y placer de nouveaux poissons frais pour nourrir le ver qui devient énorme, très-blanc, et n'a presque pas d'odeur. On extrait du pot la quantité de vers nécessaire au besoin journalier ; on les met dans un vase plat que l'on saupoudre de son et que l'on penche un peu. Le ver se sèche, roule du côté de la pente et reste pur, dégagé de tout ce qu'il y a d'impropre, et n'a plus aucune odeur. »

Il est très-utile de faire dégorger, avant de s'en servir, les vers, quels qu'ils soient ; il suffit pour cela de les laisser deux ou trois jours dans un vase rempli de mousse humide. C'est aussi en les mettant dans de la mousse prise sur le bord des rivières et qu'on doit avoir soin de presser préalablement entre les mains, afin d'en faire sortir l'eau, et qu'on range autour d'un pot ou d'une caisse, qu'on parvient à conserver les vers.

Manière d'enferrer les différentes espèces d'esches ou amorces. Si on fait usage de vers de terre, on n'a qu'à introduire le bout de l'hameçon dans l'intérieur du ver à un demi-centimètre de la tête et à l'enfoncer jusqu'à un centimètre environ de la queue. Une longueur plus grande serait un défaut ; les moyens poissons, ne pouvant avaler l'amorce, ne feraient que la mordre et le pêcheur piquerait vainement. Si le ver se trouve trop long pour l'hameçon qu'on emploie, il faut en prendre seulement la moitié en ayant soin de prendre du côté de la queue. Il faut aussi bien songer que c'est le bout de la queue qui doit toujours être présenté au poisson. Par conséquent on doit faire entrer l'hameçon par la partie opposée. Quand on amorce avec deux vers, on doit avoir soin de faire remonter le premier jusqu'au-dessus de la queue de l'hameçon et l'on met le second ainsi que nous l'avons dit. Il faut surtout que l'hameçon soit invisible.

Si on amorce avec des vers de viande, c'est-à-dire avec des asticots, on doit introduire la pointe de l'hameçon du côté de la queue, de sorte que le dard, se trouvant engagé sous la peau, ne puisse s'apercevoir.

Quand on pêche pendant la nuit ou le soir, on doit se servir d'une amorce très-apparente ; on emploie alors des vers de terre que l'on pique par le travers du corps, de sorte que, s'agitant fortement, ils soient aperçus facilement et de loin par le poisson. Si on amorce avec de tout petits insectes, il faut en mettre deux ou trois en travers. Mais une chose essentielle c'est d'amorcer de façon à ne pas tuer le ver beaucoup de poissons ne mordant qu'à l'insecte en vie.

On se sert aussi comme appât, avec beaucoup de succès, de chenilles velues ou non velues ; certains pêcheurs ont à tort des préjugés contre ces insectes qui ne sont pas du tout venimeux. Lorsqu'on amorce avec du pain de créton, on doit le concasser, le faire tremper ; puis on en enfile quatre ou cinq morceaux sur l'hameçon, de façon que la pointe soit bien cachée jusqu'au delà de la courbure. L'effet de l'amorce sera encore meilleur en enfilant à la pointe un asticot. Les petits poissons sont l'appât le plus efficace pour la pêche des gros poissons tels que le brochet, la truite. On doit avoir soin de proportionner leur grandeur à celle de l'hameçon, de manière qu'on n'en voie pas les crochets. Il faut avoir soin que la longue branche de l'hameçon soit près de la bouche, tandis que la petite reparaît près de l'ouïe. (V. fig. 10.)

Fig. 10.

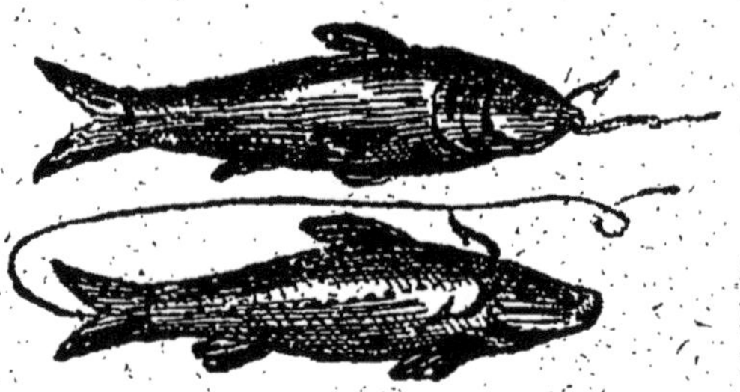

Lorsqu'un poisson est mis soigneusement à l'hameçon, il peut rester en vie tout un jour. Si on le blesse trop, il meurt à l'instant et n'est plus bon à rien, le poisson vivant fuyant le poisson mort.

Pour le brochet et les gros poissons on amorce avec une grenouille, le plus ordinairement petite. On la pique par le cou en faisant filer l'hameçon entre la peau et les chairs le long de l'épine du dos. De cette façon la grenouille vit très-longtemps et nage comme si elle était en liberté.

Pâte d'amorce. Cette pâte est le meilleur appât pour la pêche des poissons d'eau douce. Voici comment on la compose : on prend un morceau de mie de pain de la veille qu'on trempe dans l'eau, puis qu'on pétrit jusqu'à ce qu'il soit devenu gluant et dur. Pour que cette pâte soit efficace, on doit la pétrir un quart d'heure et surtout ne le faire qu'au moment d'en faire usage ; sans cela elle deviendrait aigre. Pour la pêche du gardon on l'emploie avec des hameçons n° 10, 11 ou 12, pour les carpes avec des hameçons 1 à 5, et pour les chevennes, les tanches, les barbeaux avec des hameçons des n° 5 à 9. Pour les eaux rapides on compose une pâte, partie de mie de pain frais, partie de mie de pain rassis. Pour le gardon, la tanche, la carpe on fait de très-bons appâts avec de la mie de pain bien tendre, trempée dans du miel qu'on pétrit jusqu'à ce qu'elle soit assez dure pour être enfilée facilement par l'hameçon. Pour les chevennes, on se sert de pâte de fromage qu'on compose avec du vieux fromage de gruyère le plus pourri et le plus gras possible. On le pétrit avec de la mie de pain tendre jusqu'à ce que le tout soit assez ferme pour amorcer l'hameçon et tenir dans l'eau. On peut faire prendre aussi le barbeau à cet appât, en y mêlant du pain de creton ou un peu de mûre de suis. M. Lambert Saint-Ange qu'on ne saurait trop citer, donne dans son excellent ouvrage sur la pêche une autre recette que voici : «On prend de la grosse farine de seigle et du miel, on y ajoute du fromage de Gruyères coupé en très-petites tranches et qu'on aura mis tremper dans du lait pendant vingt-quatre heures, puis du chènevis pilé. Le fromage doit être, en sortant du lait, pressé entre deux linges pour le sécher. On prend ensuite un peu de farine à laquelle on joint le tout. On pétrit bien ce mélange qui doit être assez ferme pour rester fixé à la pointe de l'hameçon. Cette pâte est excellente ; tous les poissons mordent après. Lorsque la pâte est molle, il faut ferrer très-vite à la première attaque. Si on a la main du pêcheur, on n'en manquera pas un. »

Amorces de fond. L'amorce de fond est un des moyens les plus certains pour faire une bonne pêche. On amorce la veille du jour où l'on veut pêcher ; cela est indispensable. Le lendemain, à la première heure, on arrive et l'on trouve une quantité de poissons alléchés par cette pâture inattendue. On n'a qu'à jeter la ligne au milieu de cette foule frétillante qui mord à qui mieux mieux, au grand plaisir du pêcheur. Il faut se garder de jeter sa pâte trop long-temps à l'avance. Elle s'aigrirait et perdrait ainsi toute son efficacité. Le plus ordinairement l'amorce de fond est composée de terre grasse qu'on prend sur les rives des cours d'eau ; on la pétrit convenable-ment avec du son et on en fait de petites boules qu'on n'a qu'à jeter à l'endroit qu'on a choisi. Pour les courants trop rapides, on se sert de boulettes aux-quelles on donne pour noyaux de petits cailloux qui empêchent qu'elles ne soient entraînées.

Voici une recette d'amorce que les pêcheurs de profession emploient avec le plus grand succès pour le gardon, la chevenne, la carpe et la vandoise : on prend des morceaux de mie de pain de la grosseur d'un œuf de pigeon, on les trempe dans de l'eau qu'ensuite on exprime avec soin ; on y ajoute de la recoupe et du son en égale quantité ; enfin, on pétrit le tout jusqu'à ce qu'il devienne d'une extrême dureté. En y ajoutant environ 125 grammes de miettes de pain de creton, on obtient l'amorce qui attire le mieux le barbeau. Dans les eaux dormantes, on se sert également pour le gardon, la carpe et la vandoise, de boulettes grosses comme le poing, composées de pommes de terre cuites, écrasées, et qu'on mêle à de la farine d'orge, du son et des asticots.

Quand on pêche dans les eaux courantes, on emploie le plus souvent de la terre glaise qu'on garnit d'asticots et qu'on jette seulement au moment de pêcher, à quelque distance au-dessus de l'endroit où l'on est établi. Dans les eaux dormantes, les étangs, par exemple, on n'a qu'à jeter devant la place qu'on a choisie une certaine quantité d'asticots.

On n'en finirait pas si on voulait donner des détails sur toutes les espèces d'amorces ; nous nous contentons de signaler les plus simples qui sont en même temps les plus usitées.

On a encore les appâts d'orge, de chènevis et de blé; ceux d'avoine germée ; ceux de miel, de lait, de blé et de safran. Le *Traité général de toutes les pêches de Roret* donne la recette d'un appât de fèves et de miel qu'il recommande pour la pêche de la carpe :

Faites cuire à demi dans l'eau de grosses fèves que vous aurez mises tremper pendant une nuit pour les rendre plus tendres ; ajoutez-y du miel et deux ou trois grains de musc; retirez les fèves du feu avant qu'elles ne soient entièrement cuites et, en pétrissant cette pâte avec les mains, formez-en des boulettes que vous jetterez à l'endroit que vous voudrez appâter. Il faut, pour que cette préparation soit bien faite, mettre 250 grammes de miel dans 6 litres et demi de fèves. »

Appâts artificiels. — L'art qui toujours a cherché à imiter la nature est souvent parvenu à la remplacer lorsqu'elle fait défaut. C'est ainsi que nous avons les *appâts artificiels*, destinés à tenir lieu des insectes qui ont la vertu d'attirer facilement le poisson, mais qui manquent totalement à certaines époques de l'année. Les papillons, les araignées, les chenilles, les sauterelles, dont on se sert surtout pour pêcher le saumon, la truite, la chevenne, sont parfaitement imités. Tout y est, forme et couleurs. Nous autres hommes, nous prenons souvent le factice pour la réalité. Messieurs les poissons, qui n'ont pas la prétention d'être plus perspicaces que nous s'y laissent aussi parfaitement prendre. Nous ne ferons pas de ces appâts une description qui nous entraînerait dans de trop longs détails et qui d'ailleurs serait inutile. On trouve chez tous les marchands d'ustensiles de pêche ces appâts artificiels, dont nous donnons quelques dessins comme échantillon. (V. fig. 11.)

Fig. 11.

Beaucoup de pêcheurs fabriquent eux-mêmes les appâts artificiels. C'est un ouvrage très-facile et dont nous n'avons point besoin de donner la théorie. Qui ne se souvient d'avoir, tout enfant, avec quelques bouts de passementerie, quelques crins ou des poils d'animaux, des plumes de volailles et quelques morceaux d'étoffe, imité, pour son amusement, les insectes qu'il avait remarqués blottis dans les buissons, suspendus aux branches des arbres, ou fendant l'air de leurs ailes blanches ou aux mille couleurs ?

CHAPITRE IV.

Différentes sortes de pêches à la ligne.

Nous avons deux espèces distinctes de pêche à la ligne : *la pêche à la ligne flottante* ; *la pêche à la ligne de fond.*

PÊCHE A LA LIGNE FLOTTANTE.

La pêche à la ligne flottante est celle dans laquelle la ligne, au moyen de bouchons ou de flottes, est soutenue dans l'eau sans toucher le fond. Elle se divise elle-même en trois catégories : la *ligne au coup* ; la *ligne à fouetter* ; la *ligne à la volée.*

La *ligne au coup* est munie d'une flotte qui soutient la partie de la ligne qui porte les hameçons, permet à ces derniers de demeurer suspendus dans le courant, et prévient le pêcheur, en s'enfonçant, si le poisson a mordu. Nous devons faire remarquer que la ligne doit toujours être chargée de plomb en raison de la force et du poids de la flotte. La quantité du plomb doit aussi varier selon la profondeur de l'eau et la rapidité du courant.

La *ligne à fouetter* est spécialement employée pour la pêche aux petits poissons qui viennent à la surface des eaux. Cette ligne faite de deux crins au plus est munie de cinq hameçons, posés à trente centimètres d'intervalle; près du point d'attache du dernier hameçon, on met une légère flotte et, au-dessous de la flotte, un plomb de chasse n° 6. Cette pêche se pratique dans les eaux courantes et de peu de fond. On se sert de vers de viande pour amorcer les hameçons, et, si l'on veut faire bonne pêche, il faut avoir soin, pour attirer le poisson, de jeter dans l'eau une certaine quantité de vers. Cette pêche se faisant spécialement dans les eaux rapides, il faut sans cesse ramener la ligne entraînée par le courant ; c'est par la résistance qu'on éprouve en la remontant qu'on connaît si le poisson a mordu.

La *ligne à la volée*. La pêche à la ligne à la volée avec la mouche artificielle se pratique à l'aide d'une canne à moulinet munie d'une ligne de 25 à 30 mètres de longueur, faite de soie et de crins tressés ; le bas de la ligne est en boyau de ver à soie. Cette ligne n'a ni flotte ni plomb et s'enroule sur le moulinet en passant par les anneaux dont la canne est munie. La canne qui porte ordinairement 4 ou 5 mètres de longueur doit être surtout d'une grande souplesse, pour que la mouche puisse être lancée à la plus grande distance possible. On attache à l'extrémité de la ligne la mouche qui sert d'appât et qui s'appelle mouche des bas de ligne. Certains pêcheurs placent au-dessus d'autres mouches que dans le langage de la pêche on nomme les postillons. Voici, sur la façon de lancer la mouche artificielle, quelques conseils empruntés à M. Kretz aîné, que nous avons déjà cité : « Prenez la mouche entre le pouce et le premier doigt de votre main gauche, et la canne à pêcher dans la droite avec le scion tourné à gauche ; puis faites tourner doucement votre canne de pêche à droite, faisant un cercle autour de vos épaules, et lâchez la mouche que vous tenez entre les doigts, au moment où vous désirez la jeter dans un endroit fixe ; exercez-vous de cette manière, soit sur terre, soit sur l'eau, jusqu'à ce que vous sachiez bien jeter votre mouche. » On doit s'attacher, ceci est essentiel, à ne point être aperçu du poisson et à éviter tout bruit. Il est aussi très-utile de remarquer quel genre de mouche voltige sur les eaux où l'on pêche, afin de se servir de l'amorce qui se rapproche le plus par sa forme et sa couleur de l'espèce d'insectes qu'on aura aperçus. Cette pêche très-amusante et très agréable se fait de mars à octobre, par un beau temps et un ciel clair vers le lever et le coucher du soleil, toute la journée en temps sombre. Très-récréative, la pêche à la mouche artificielle est loin d'être une des plus fructueuses. Tous les poissons ne mordent pas à cet appât et l'on ne peut guère pêcher que le brochet, la chevenne, la perche, la vandoise et la truite.

La deuxième sorte de ligne à la volée est employée pour la pêche des poissons qui se tiennent habituellement entre deux eaux. La ligne sans plomb, longue de 8 mètres, est munie de sept ou huit flottes dont la première doit être placée à 16 centimètres de l'hameçon. On amorce avec des insectes, tels que la chenille, la mouche, le papillon. Il faut se placer toujours sur un rivage élevé de façon à pouvoir jeter sa ligne le plus loin possible et l'on doit choisir un fond rocailleux qui ne soit pas plus profond que 65 centimètres environ. — Ce genre de pêche se fait souvent en bateau. On se laisse doucement aller à la dérive, tout en lançant sa ligne qu'on amorce avec un hanneton, un grillon, une cerise, une mouche, un insecte. On peut ainsi fructueusement pêcher les chevennes, voire même des brochets.

Lignes dormantes. La pêche aux lignes dormantes se fait à l'aide de plusieurs lignes attachées chacune à une canne ou à une gaule. On dispose ces lignes de façon que leur extrémité soit au plus éloignée de 6 ou 7 centimètres de la surface de l'eau. On doit s'attacher à disposer les cannes ou les gaules assez loin les unes des autres, pour que les hameçons ne puissent s'accrocher ensemble ; on doit aussi avoir soin de bien les assujettir sur le terrain de n'importe quelle façon. Lorsque le pêcheur s'aperçoit en voyant bouger une des cannes que le poisson a mordu, il relève la gaule et retire la ligne de l'eau avec précaution. Pour cette pêche, la façon d'amorcer est la même que pour la pêche au coup. Avis aux pêcheurs : ce genre de pêche ne jouit point de la liberté des autres, quoiqu'on se serve pour la pratiquer de lignes flottantes. « Néanmoins, dit l'article 5 de la loi, il est permis à tout individu de pêcher à la ligne flottante *tenue à la main*, dans les fleuves, rivières et canaux.

PÊCHE A LA LIGNE DE FOND.

La pêche aux lignes de fond se divise en trois variétés : la *pêche à soutenir*, la *pêche aux traînées* ou *cordeaux de nuit*, la *pêche aux jeux*.

Pêche à soutenir. Pour ce genre de pêche très-amusant et très-facile, on se sert de lignes très-fortes en cordonnet de soie ou en fouet de lin, dont la longueur varie en raison de la grandeur des rivières. Dans les cours d'eau ordinaires, la ligne doit avoir au moins 30 mètres. Une longueur de 45 à 20 mètres suffit quand on pêche dans un étang. Au printemps, la ligne s'arme avec un hameçon n° 4, en été avec un n° 3, en automne 0. Il faut que le plomb, fort de 200 à 350 grammes, soit placé à

40 centimètres de l'hameçon qu'on amorce au printemps avec des vers rouges, en été avec du fromage
de Gruyères, et avec de la viande en automne. Cette
pêche se fait le plus souvent dans une eau profonde;
on doit donc se placer sur une hauteur, un quai ou
un pont, enfin sur un endroit d'où l'on domine la
rivière. Une fois la ligne dépelotonnée avec soin et
l'hameçon amorcé avec l'appât qui convient à la
saison, on lance le plomb en avant le plus loin qu'on
peut. Alors on la tient à la main en lui donnant un
peu de laisse; on doit épier attentivement le moindre
mouvement et ne piquer que lorsqu'une forte résistance avertit que le poisson est accroché; il faut
alors ferrer rapidement, sans crainte pour la ligne
qui doit être d'une solidité à toute épreuve.

La *pêche à soutenir dans les pelottes* ne diffère
guère de la précédente, si ce n'est qu'elle se pratique
ordinairement pendant la nuit. Elle ne réussit ni pendant le jour, ni même au clair de lune. On place
le plomb à 34 millimètres seulement de l'hameçon
qui doit être du n° 3 et auquel on attache le plus
de vers de viande possible. On engage ensuite l'hameçon dans une pelotte de terre glaise, de la grosseur d'un œuf, garnie de vers de viande, en ayant
soin que les vers soient tournés du côté extérieur;
et l'on jette à l'eau la pelotte que suit la ligne. Il
faut renouveler la pelotte dès qu'elle s'est dissoute
par un séjour trop long dans l'eau.

Pêche aux trainées ou *cordeaux de nuit*. Elle
est la plus productive des pêches aux lignes de
fond. La longueur des trainées est nécessairement
en rapport avec l'étendue de la pièce d'eau dans
laquelle on les tend. La ligne est faite d'une ficelle
fort solide. On peut y fixer jusqu'à cinq cents hameçons n° 1 et 2, placés à un intervalle de 70 centi-

mètres à 1 mètre (selon que la traînée est plus ou moins longue) sur des empiles, de fil de chanvre écru. On amorce les hameçons avec des petits poissons et des vers de terre, lorsqu'on établit la traînée sur les bords ou dans le fond de l'eau ; avec des vers de terre, de viande, ou du fromage de Gruyères lorsqu'on la tend en pleine eau, au milieu de la rivière. On maintient la traînée au fond de l'eau avec des cailloux d'environ 180 grammes ; et, pour fixer solidement ses extrémités et son centre, on les garnit de grosses pierres de 8 à 10 kilogrammes, qu'on appelle *pariaux* dans le langage de la pêche. Tout étant ainsi préparé, on met les hameçons après la traînée qu'on doit avoir soin de tendre et de relever toujours en suivant le courant. Il faut être deux ou trois personnes, selon la longueur de la traînée, pour mener à bien cette pêche qui se fait généralement en bateau. Les uns conduisent pendant que les autres tendent la traînée.

La *pêche aux jeux* ou *petites traînées*, est agréable en même temps que productive. Elle se fait le plus fructueusement dans les eaux courantes et profondes. On amorce les hameçons avec de gros vers rouges ou du fromage de Gruyères qu'on aura, au préalable, fait tremper dans l'urine. On jette à l'eau les hameçons et le plomb qu'on attache au bord du bateau qui doit être amarré de façon à ne pas balancer. On tend de cette façon les jeux ou petites traînées l'un après l'autre, ou plusieurs à la fois, et une fois qu'ils sont tous placés, on les relève l'un après l'autre, en commençant par le premier. On plombe les lignes plus ou moins selon la force du courant. Cette pêche, nous l'avons dit, est très-lucrative ; on peut prendre toute espèce de poisson de rivière, surtout de la chevenne et du barbeau.

CHAPITRE V.

Vocabulaire du Pêcheur

Nous donnons ici sous une forme succincte le vocabulaire des termes employés par les pêcheurs de profession et qui sont peu connus des amateurs.

Achée, vers avec lequel on amorce les hains.

Accou, petit bateau plat, léger, carré sur le derrière, qui sert à aller sur les vases.

Aleviniers, petits étangs dans lesquels on élève de l'alevin destiné à peupler les grands étangs.

Alevin, petite carpe de trois ans, de 16 centimètres de longueur.

Appelet, corde garnie de lignes ou empiles et de hains.

Arondelle, corde garnie de lignes latérales et qui porte des hains ; on la fixe sur le sable par de petits piquets.

Aumées, nappes à grandes mailles, faisant partie des tramaux.

Bachotte, petit baquet servant au transport des poissons vivants.

Bannière, partie de la ligne au-dessus de la flotte.

Bascule ou *boutique*, bateau au milieu duquel se trouve un coffre ou vivier plein d'eau pour transporter à flot le poisson d'eau douce en vie.

Bat, on mesure la longueur des poissons entre œil et bat, ce qui se prend depuis le coin de l'œil jusqu'à l'angle de la fourchette de la queue.

Bichette, filet qui ne diffère du haveneau que parce que le filet, au lieu d'être monté sur deux perches droites, l'est sur deux perches courbes. On s'en sert dans les petites pêches.

Billottée, vente des poissons d'un étang par lot, ce qui a lieu pour les blanchailles ou petits poissons.

Bire, bure ou *bouteille,* sorte de nasse que les pêcheurs mettent au bout de leurs guideaux.

Blanchaille, petits poissons blancs, tels que meuniers, ablettes, vandoises, etc.

Bonde d'un étang, espèce de gros robinet qu'on établit au milieu de la chaussée, à la partie la plus basse, pour retenir l'eau quand elle est fermée.

Bricole, ligne attachée à un pieu qui porte à son autre bout un ou plusieurs hains amorcés.

Canon, bâton que l'on ajoute au bout des seines pour tenir le filet tendu.

Carrelet, l'échiquier.

Castration du poisson, opération facile à faire et qui, dit-on, rend sa chair plus délicate.

Chatouille, espèce de petite lamproie qu'on trouve dans la vase et dont on se sert comme amorce.

Cinq-port-net, filet carré ressemblant à une cage, avec cinq portes.

Coiffe, filet évasé à grandes mailles qu'on met à l'embouchure d'un filet en manche pour y attirer le poisson.

Déchargeoir, endroit par où s'échappent les eaux d'un étang trop plein.

Dégorger, tenir les vers dans de la mousse pour les raffermir.

Dévriller, détordre la ficelle qui se vrille.

Esche, escher; ces mots signifient amorce, amorcer.

Enferrer, enfiler avec l'hameçon une amorce vivante.

Epine-vinette, métamorphose de l'asticot, ver à viande, qui se convertit en une nymphe d'un rouge-cerise, dont on se sert comme appât.

Feuille, nom d'une carpe avant qu'elle ait trois ans; on donne aussi ce nom aux tout petits poissons d'étang en général.

Fichure, pêche à la fouane ou au harpon.

Filet à anguille, c'est un filet ressemblant au verveux, mais il est fourni de plusieurs goulets, et plus grand.

Filet à corne; il diffère du tramail en ce qu'il n'a qu'une aumée et la flue.

Filet sur pieu, filet maintenu par des pieux et dont on se sert pour la pêche du saumon.

Flue; le tramail se compose de trois rets posés les uns devant les autres; les deux rets extérieurs à grandes mailles se nomment les aumées ou hamaux; celui renfermé entre les deux se nomme flue, nappe ou toile.

Frai, c'est ainsi qu'on appelle l'œuf du poisson.

Gline, panier couvert qui sert à mettre le poisson pris.

Goulet, filet en forme d'entonnoir qu'on met à l'entrée des verveux, afin que le poisson n'en puisse plus sortir une fois qu'il y est entré.

Hains, hameçons.

Haï, tournoiements d'eau spéciaux aux courants. On place de préférence les verveux en cet endroit.

Jeux, espèce de pêche à la ligne de fond.

Libouret, pêche qui se pratique avec une ligne qu'on enfile dans un trou pratiqué à l'extrémité d'un morceau de bois, dont l'autre extrémité est garnie de plusieurs empiles pourvues d'hameçons.

Manet, nappe dont les mailles sont en rapport avec la grosseur du poisson que l'on veut pêcher. On tend ce filet en ravoir et en eau pleine, pierré et flotté.

Meunier, nom qu'on donne à la chevenne parce qu'elle se pêche près des moulins.

Moulées, rassemblement de petits poissons.

Montée, rassemblement de petites anguilles qui, au mois d'avril, envahit l'Orne, à Caen.

Parian, grosse pierre qu'on attache à chaque extrémité du cordeau de nuit.

Pantène, filet ou nasse destiné à retenir les anguilles.

Panier de bonde, espèce de nasse que les meuniers mettent à leur vanne de décharge.

Perchettes, filet monté sur un cadre de bois garni d'un manche, servant à pêcher les écrevisses.

Pesée ; on appelle pesée l'action de certains poissons qui, dans les grandes chaleurs, tirent nonchalamment l'amorce.

Piquer, tirer vivement sur l'hameçon à l'instant où le poisson mord.

Plombée, plomb d'une ligne de fond.

Poêle, trou qu'on pratique auprès de la bonde pour retraiter les poissons quand on vide l'étang.

Quinque-porte, verveux qui, comme son nom l'indique, a cinq portes ou entrées.

Rafle, verveux à plusieurs entrées.

Ravoirs, filets tendus en travers des ravins et des courants.

Roussaille, petit poisson d'étang.

Rousture, manière de raccommoder une ligne cassée sans faire de nœud.

Soutenir, tenir la ligne légèrement tendue lorsque certains poissons commencent à mordre.

Traînée, pêche à la ligne de fond.

Tiercelet, alevin.

Vriller, se dit d'une ficelle qui s'emmêle par sa détorsion.

CHAPITRE VI.

LE CODE DU PÊCHEUR

Lois, Ordonnances et Circulaires sur la pêche.

Titre Ier. — *Du droit de pêche.*

ARTICLE 1er. Le droit de pêche sera exercé au profit de l'État :

1° Dans tous les fleuves, rivières, canaux et contre-fossés navigables ou flottables, avec bateaux, trains ou radeaux, et dont l'entretien est à la charge de l'État ou de ses ayants cause ;

2° Dans les bras, noues, buires et fossés qui tirent leurs eaux des fleuves et rivières navigables et flottables dans lesquelles on peut en tout temps passer ou pénétrer librement en bateau de pêcheur et dont l'entretien est également à la charge de l'État.

Sont toutefois exceptés les canaux et fossés existants ou qui seraient creusés dans des propriétés particulières, et entretenus aux frais des propriétaires.

ART. 2. Dans toutes les rivières et canaux autres

que ceux qui sont désignés dans l'article précédent. les propriétaires riverains auront, chacun de son côté, le droit de pêche jusqu'au milieu du cours d'eau, sans préjudice des droits contraires établis par possessions ou titres.

ART. 5. Tout individu qui se livrera à la pêche sur les fleuves et rivières navigables ou flottables, canaux, ruisseaux ou cours d'eau quelconques, sans la permission de celui à qui le droit de pêche appartient, sera condamné à une amende de vingt francs au moins, et de cent francs au plus, indépendamment des dommages-intérêts.

Il y aura lieu, en outre, à la restitution du prix du poisson qui aura été péché en délit, et la confiscation des filets et engins de pêche pourra être prononcée,

Néanmoins, il est permis à tout individu de pêcher à la ligne flottante tenue à la main, dans les fleuves, rivières et canaux désignés dans les deux paragraphes de l'art. 1er de la présente loi, le temps du frai excepté (1).

Titre IV. — *Conservation et police de la pêche.*

ART. 23. Nul ne pourra exercer le droit de pêche dans les fleuves et rivières navigables ou flottables, les canaux, ruisseaux ou cours d'eau quelconques, qu'en se conformant aux dispositions suivantes:

ART. 24. Il est interdit de placer dans les rivières navigables ou flottables, canaux et ruisseaux, aucun barrage, appareil ou établissement quelconque de pêcherie, ayant pour objet d'empêcher entièrement le passage du poisson.

(1) Le temps du frai est fixé du 15 avril au 15 juin pour le département de la Seine.

Les délinquants seront condamnés à une amende de cinquante francs. et en outre aux dommages-intérêts ; et les appareils ou établissements de pêche seront saisis et détruits.

ART. 25. Quiconque aura jeté dans les eaux des drogues ou appâts qui sont de nature à enivrer le poisson ou à le détruire, sera puni d'une amende de trente francs à trois cents francs, et d'un emprisonnement d'un mois à trois mois.

ART. 27. Quiconque se livrera à la pêche pendant les temps, saisons et heures prohibés par les ordonnances, sera puni d'une amende de trente à deux cents francs.

ART. 28. Une amende de trente à cent francs sera prononcée contre ceux qui feront usage, en quelque temps et en quelque fleuve, rivière, canal ou ruisseau que ce soit, de l'un des procédés ou modes de pêche ou de l'un des instruments ou engins de pêche prohibés par les ordonnances.

Si le délit a eu lieu pendant le temps du frai, l'amende sera de soixante à deux cents francs.

ART. 29. Les mêmes peines sont prononcées contre ceux qui se serviront, pour une autre pêche, de filets permis seulement pour celle du poisson de petite espèce.

Ceux qui seront trouvés porteurs ou munis, hors de leur domicile, d'engins ou instruments de pêche prohibés, pourront être condamnés à une amende qui n'excédera pas vingt francs, et à la confiscation des engins ou instruments de pêche, à moins que ces engins ou instruments ne soient destinés à la pêche dans des étangs ou réservoirs.

ART. 30. Quiconque pêchera, colportera ou débitera des poissons qui n'auront point les dimensions déterminées par les ordonnances, sera puni d'une amende de vingt à cinquante francs, et à la confiscation desdits poissons. Sont cependant exceptées de cette disposition les ventes de poissons provenant des étangs ou réservoirs. Sont considérés comme étangs ou réservoirs, les fossés et canaux appartenant à des particuliers, dès que leurs eaux cessent naturellement de communiquer avec les rivières.

ART. 31. La même peine sera prononcée contre les pêcheurs qui appâteront leurs hameçons, nasses, filets ou autres engins, avec des poissons des espèces prohibées qui seront désignées par les ordonnances.

ART. 32. Les fermiers de la pêche et porteurs de licences, leurs associés, compagnons et gens à gage, ne pourront faire usage d'aucun filet ou engin quelconque, qu'après qu'il aura été plombé ou marqué par les agents de l'administration de la police de la pêche.

La même obligation s'étendra à tous autres pêcheurs compris dans les limites de l'inscription maritime, pour les engins et filets dont ils feront usage dans les cours d'eau désignés par les paragraphes 1er et 2e de l'article 1er de la présente loi.

Les délinquants seront punis d'une amende de vingt francs pour chaque filet ou engin non plombé ou marqué.

Le titre V traite des poursuites exercées au nom de l'administration et enjoint aux agents spéciaux de même qu'aux gardes champêtres, éclusiers et autres officiers de police judiciaire de constater par procès-verbaux les délits de pêche et les autorise à saisir les filets et autres instruments de pêche prohibés, mais leur interdit de s'introduire dans les maisons et enclos y attenants pour la recherche de ces filets.

L'art. 41 prononce une amende de cinquante francs

contre le délinquant qui refusera de remettre immédiatement le filet prohibé.

L'art 42 prononce que le poisson saisi pour cause de délit sera vendu au profit du domaine.

Art. 62. Les actions en réparation de délits en matière de pêche se prescrivent par un mois, à partir du jour où les délits ont été constatés, lorsque les prévenus sont désignés dans les procès-verbaux. Dans le cas contraire, le délai de prescription est de trois mois, à compter du même jour.

Art. 65. Les délits qui portent préjudice aux fermiers de la pêche, aux porteurs de licences et aux propriétaires riverains, seront constatés par leurs gardes, lesquels seront assimilés aux gardes-bois des particuliers.

Art. 66. Les procès-verbaux dressés par ces gardes feront foi jusqu'à preuve contraire.

Titre VI. — *Des peines et condamnations.*

Art. 69. Dans le cas de récidive, la peine sera toujours doublée.

Il y a récidive lorsque, dans les douze mois précédents, il a été rendu, contre le délinquant, un premier jugement pour délit en matière de pêche.

Art. 70. Les peines seront également doublées lorsque les délits auront été commis la nuit.

Art. 71. Dans tous les cas où il y aura lieu à adjuger des dommages-intérêts, ils ne pourront être inférieurs à l'amende simple prononcée par le jugement.

Art. 72. Dans tous les cas prévus par la présente loi, si le préjudice causé n'excède pas vingt-cinq francs et si les circonstances paraissent atténuantes, les tribunaux sont autorisés à réduire l'emprisonnement même au-dessous de six jours, et l'amende même au-dessous de seize francs. Ils pourront aussi prononcer séparément l'une ou l'autre de ces peines, sans qu'en aucun cas elle puisse être au-dessous des peines de simple police.

Art. 74. Les maris, pères, mères, tuteurs, fermiers et porteurs de licences, ainsi que tous propriétaires, maîtres et commettants, seront civilement responsables des délits en matière de pêche, commis par leurs femmes, enfants, mineurs, pupilles, bateliers et compagnons et tous autres subordonnés, sauf tout recours de droit.

Cette responsabilité sera réglée conformément à l'art. 1384 du Code Napoléon.

Art. 77. Les jugements portant condamnation à des amendes, restitutions, dommages-intérêts et frais, sont exécutoires par la voie de contrainte par corps, et l'exécution pourra en être poursuivie cinq jours après un simple commandement fait aux condamnés.

Art. 80. Dans tous les cas, la détention employée comme moyen de contrainte est indépendante de la peine d'emprisonnement prononcée contre les condamnés pour les cas où la loi l'inflige.

ORDONNANCE DU 15 NOVEMBRE 1830.

Art. 1er. Sont prohibés, sous les peines portées par l'art. 28 de la loi du 15 avril 1829 :

1° Les filets traînants ;

2° Les filets dont les mailles carrées sans accrues, et non tendues ni tirées en losange, auraient moins de 30 millimètres (14 lignes de chaque côté), après que le filet aura séjourné dans l'eau ;

3° Les bires, nasses ou autres engins dont les verges en osier seraient écartées entre elles de moins de 30 millimètres.

ART. 2. Sont néanmoins autorisés pour la pêche des goujons, ablettes, loches, vérons, vandoises et autres poissons de petite espèce, les filets dont les mailles auront 15 millimètres. Les pêcheurs auront aussi la faculté de se servir de toute espèce de nasses en jonc à jour, quel que soit l'écartement de leurs verges.

ART. 3. Quiconque se servira, pour une autre pêche que celle qui est indiquée dans l'article précédent, des filets spécialement affectés à cet usage, sera puni des peines portées par l'article 28 de la loi du 15 avril 1829.

ART. 5. Dans chaque département, le préfet déterminera, sur l'avis du conseil général, et après avoir consulté les agents forestiers, les temps, saisons et heures pendant lesquels la pêche sera interdite dans les rivières et cours d'eau.

ART. 6. Il fera également un règlement dans lequel il déterminera et divisera les filets et engins qui d'après les règles ci-dessus devront être interdits.

ART. 7. Sur l'avis du conseil général, et après avoir consulté les agents forestiers, il pourra prohiber les procédés et modes de pêche qui lui sembleront de nature à nuire au repeuplement des rivières.

Voici l'article III du règlement du préfet de la Seine.

Ne pourront être pêchés et seront rejetés en rivière : 1° les truites, carpes, barbeaux, ombres, brèmes, brochets, meuniers, ayant moins de cent soixante millimètres (cinq pouces neuf lignes) entre l'œil et la naissance de la nageoire de la queue;

2º Les tanches, perches, gardons, lottes et autres ayant moins de cent trente-cinq millimètres (cinq pouces) également entre l'œil et la naissance de la queue ;

3º Et les anguilles ayant moins de soixante-quinze millimètres (deux pouces huit lignes) de tour au milieu du corps.

Dans l'intérieur de la ville de Paris, la pêche est interdite avant l'ouverture et après la fermeture des ports. Cette défense ne concerne pas les bords de la Seine hors barrière.

ARRÊT DE LA CHAMBRE DES APPELS DE LA POLICE CORRECTIONNELLE DU 20 MAI 1851 CONCERNANT LE DROIT DE PÊCHE A LA LIGNE.

ARRÊT.

« Considérant qu'aux termes de l'art. 5, alinéa 2 de la loi du 15 août 1829 sur la pêche fluviale, il a été permis à tout individu de pêcher à la ligne flottante tenue à la main, dans les fleuves, rivières, canaux et autres fossés naivgables ou flottables dont l'entretien est à la charge de l'État ou de ses ayants cause ;

« Que cet article n'a fait que reproduire en cette partie les dispositions des anciennes ordonnances et des lois et arrêtés qui permettaient l'usage de la ligne flottante tenue à la main ;

« Qu'en droit et en l'absence de toute définition légale de la ligne flottante, les tribunaux doivent se décider par le sens naturel des mots employés par le législateur, par le sens donné à ces mots par un usage constant, et par les conséquences du sens adopté, qui doivent être en harmonie avec l'esprit général des lois sur la pêche ;

« Considérant que, dans leur sens naturel, les mots de *ligne flottante* indiquent une ligne que le mouvement seul de l'eau rend mobile et fugitive et qu'il faut que le pêcheur ramène sans cesse à lui ; qu'un usage constant a consacré cette interprétation ;

« Qu'il n'est résulté de l'usage de la ligne flottante ainsi définie, aucune conséquence de nature à faire croire que l'intention du législateur a été de la prohiber, soit dans un intérêt d'ordre public, soit dans l'intérêt des fermiers de la pêche, lorsqu'elle serait garnie de quelques plombs ajustés au poids de l'hameçon pour le maintenir perpendiculaire au liége ou flotteur indicateur, à une profondeur déterminée ;

« Qu'il suffit, pour que la ligne ne cesse pas d'être flottante, qu'elle soit soumise au mouvement du flot et du courant de l'eau, et, par conséquent, que l'appât ne repose pas au fond et n'y reste pas immobile ;

« Que la loi exige seulement que le pêcheur tienne à la main la canne destinée à rejeter la ligne en amont toutes les fois que le courant la fait flotter en aval à une trop grande distance ; que décider qu'une ligne n'est flottante que lorsqu'elle ne flotte qu'à la superficie de l'eau par le seul poids de l'hameçon, serait donner un sens restrictif aux expressions de l'art. 5 ci-dessus, et rendre illusoire la permission de pêche à la ligne flottante résultant dudit article ;

« Que les fermiers ne seraient pas fondés à se plaindre du préjudice qu'ils pourraient en éprouver, puisqu'il ne s'agit que de l'application d'une disposition légale qu'ils n'ont pas pu ignorer, et qu'ils se sont soumis dès lors à cette condition en se rendant adjudicataires de la pêche ;

« Considérant, en fait, que le 17 février dernier, Moriceau a été trouvé pêchant à la ligne tenue à la main, dans le dix-huitième canton de la pêche sur la rivière de la Seine ;

« Que s'il résulte du procès-verbal régulièrement dressé ledit jour, et des aveux mêmes de Moriceau, que la ligne avec laquelle il pêchait était armée de deux hameçons et garnie de deux grains de plomb n° 4, destinés à faire plonger la ligne dans la partie inférieure de la rivière, ce poids ne pouvait suffire pour empêcher la ligne de flotter dans le courant et que le contraire n'est pas même allégué ;

« Que dès lors, et par les motifs ci-dessus déduits, la ligne dont s'est servi Moriceau devant être considérée comme flottante, la prévention n'est pas établie ;

« Met l'appellation et le jugement dont est appel au néant ; émendant, décharge Moriceau des condamnations contre lui prononcées ; au principal, le renvoie des fins de la poursuite, condamne l'administration forestière et Louis Fabrège, partie civile, aux frais de première instance et d'appel. »

CIRCULAIRE SUR LA LOI DU 31 MAI 1865, RELATIVE A LA PÊCHE.

Paris, le 12 août 1865.

Monsieur le Préfet, je viens appeler votre attention sur les mesures à prendre pour assurer l'exécution de la loi du 31 mai 1865 relative à la pêche.

Le projet de loi primitif avait pour but unique de réglementer la pêche de la Truite et du Saumon, en réservant seulement à l'Administration, par un article spécial, le droit de rendre applicables à d'autres espèces les dispositions relatives à l'interdiction de la vente et du colportage en temps prohibé. La

Commission du Corps législatif a pensé qu'il était opportun de donner à la loi nouvelle un caractère plus général, en appliquant immédiatement ses dispositions à toutes les espèces de poissons.

Le Gouvernement ne pouvait qu'adhérer à cette proposition. La loi du 31 mai dernier vient donc compléter, sur ce point important, celle du 15 avril 1829.

Article premier. L'article 1er porte que les Décrets rendus en Conseil d'État, après avis des Conseils généraux des départements, détermineront :

« 1° Les parties des fleuves, rivières, canaux et
« cours d'eau réservées pour la reproduction et
« dans lesquelles la pêche des diverses espèces de
« poissons sera absolument interdite pendant l'année
« entière ;

« 2° Les parties des fleuves, rivières, canaux et
« cours d'eau, dans les barrages desquels il pourra
« être établi, après enquête, un passage appelé
« *échelle*, destiné à assurer la libre circulation du
« poisson. »

Le premier paragraphe a en vue toutes les espèces de poissons ; le second, au contraire, ne s'applique qu'aux espèces voyageuses.

L'Administration avait déjà la faculté, en vertu d'une disposition du cahier des charges qui sert de base aux adjudications de la pêche dans les canaux et rivières du domaine public, de réserver dans les cantonnements une ou plusieurs parties de rivière ou de canal destinées à favoriser la reproduction et dans lesquelles la pêche était interdite toute l'année. Mais cette disposition était insuffisante ; c'est, en effet, dans les parties supérieures des fleuves et rivières, et parfois dans les petits cours d'eau qui y affluent, que la plupart des espèces, et notamment les plus précieuses, telles que le Saumon et la Truite, vont déposer leurs œufs. Il était dès lors indispensable qu'une disposition législative donnât à l'Administration les moyens de protéger ces parties de rivières, où le poisson pourra être attiré par l'amélioration des frayères naturelles, ou même par l'organisation des frayères artificielles.

En même temps que l'on protégeait les lits de fécondation, il était essentiel de faciliter les migrations périodiques des poissons voyageurs. On sait, en effet, que plusieurs espèces prennent naissance dans les eaux douces, vont se développer et grandir dans les eaux salées, et remontent vers leur berceau pour accomplir les lois de la reproduction. Or, les barrages existants dans les rivières forment un obstacle souvent impraticable à la descente comme à la remonte de ces espèces. Les dispositions de la loi permettront à l'Administration d'établir dans ces barrages un passage ou échelle que le poisson puisse facilement franchir.

Toutefois, ces mesures, qui touchent aux intérêts des tiers, ne pourront être prises qu'en vertu de Décrets rendus en Conseil d'État, et, en ce qui concerne les échelles à poissons, après une enquête, à laquelle il sera procédé dans les formes prescrites par l'ordonnance du 18 février 1834.

Dans tous les cas, les Conseils généraux des départements doivent être appelés à donner préalablement leur avis.

Je vous prie donc, Monsieur le Préfet, de vouloir bien prendre l'avis du Conseil général, dans sa prochaine session, sur la désignation des cours d'eau de votre département où il pourrait être utile, soit de créer des réserves, soit d'établir des échelles dans les barrages existants.

Art. 2. La durée de l'interdiction de la pêche, pendant l'année entière, ne pouvait être illimitée ; l'article 2 fixe cette durée à cinq ans. Dans le cas où l'interdiction devrait être prolongée, un nouveau décret interviendra.

Art. 3. Aux termes de l'article 3, les indemnités auxquelles auront droit les propriétaires riverains qui seront privés du droit de pêche, ainsi que celles auxquelles pourra donner lieu l'établissement d'échelles dans les barrages existants, seront réglées par le Conseil de préfecture, après expertise, conformément à la loi du 16 septembre 1807.

Art. 4. L'article 4 dispose qu'à partir du 1ᵉʳ janvier 1864, les décrets rendus sur la proposition des Ministres de la Marine et de l'Agriculture, du Commerce et des Travaux publics régleront d'une manière uniforme, pour la pêche fluviale et pour la pêche maritime dans les fleuves, rivières, canaux affluant à la mer :

1° Les époques pendant lesquelles la pêche des diverses espèces de poissons sera interdite ;

2° Les dimensions au-dessous desquelles certaines espèces ne pourront être pêchées.

De nombreuses divergences existent en effet dans les règlements applicables aux parties fluviales et maritimes des fleuves, et il en résulte des inconvénients graves au point de vue de la répression. L'article 4 de la loi nouvelle a pour but de faire cesser cette situation.

Au reste, le principe d'une réglementation uniforme a déjà reçu une première application par les décrets du 19 octobre 1863 et du 24 du même mois, en ce qui touche l'époque de l'interdiction de la pêche de la Truite et du Saumon, et ces décrets doivent continuer à recevoir leur exécution, jusqu'à ce que de nouveaux règlements, concertés avec M. le Ministre de la Marine, soient venus établir, à ce sujet, des dispositions générales.

Art. 5. L'article 5 interdit, dans chaque département, de mettre en vente, de vendre, d'acheter, de transporter, de colporter, d'exporter et d'importer les diverses espèces de poissons pendant le temps où la pêche en est interdite, en exécution de la loi du 15 avril 1829.

L'importance de cet article ne vous échappera pas, Monsieur le Préfet. Le principe qu'il établit ne constitue pas cependant une innovation dans la législation, car la loi du 15 avril 1829 contient elle-même l'interdiction du colportage et de la vente pour le poisson qui n'a pas les dimensions fixées par les règlements. Mais l'interdiction, beaucoup plus absolue, édictée par la loi du 31 mai dernier est la seule garantie efficace contre les abus qu'il s'agit de réprimer ; elle protégera toutes les espèces de poissons et les préservera de la destruction. Aussi est-il essentiel d'en assurer l'observation rigoureuse. Vous voudrez bien, Monsieur le Préfet, adresser à cet égard des instructions spéciales aux agents chargés de la police de la pêche.

Toutefois, il a paru nécessaire d'admettre une exception pour les poissons provenant des étangs ou réservoirs, définis en l'article 30 de la loi du 15 avril 1829.

Ces étangs ou réservoirs constituent, en effet, dans certaines contrées, un mode particulier d'assolement de la propriété, et il fallait laisser au propriétaire la possibilité de tirer partie de ses produits, au moment où les exigences de l'agriculture les mettent entre ses mains. Mais ce sera toujours au pêcheur ou à celui qui mettra en vente du poisson d'étangs, pendant l'époque de prohibition, à faire la preuve de son origine; et, en cas de contestation, les tribunaux apprécieront. Les agents chargés de la surveillance de la pêche devront donc exiger la justification de provenance et d'origine de tout poisson qui paraîtrait sur les halles et marchés en temps prohibé.

Art. 6. L'article 6 laisse à l'Administration la faculté d'autoriser exceptionnellement la pêche et le transport du poisson destiné à la reproduction. L'exercice de cette faculté, qui se justifie d'elle-même, devra être entouré des précautions nécessaires pour empêcher toute fraude.

Je n'ai pas besoin d'ajouter que l'ensemble de ces dispositions ne s'applique qu'au poisson frais et que l'importation, l'exportation et la vente du poisson fumé ou salé reste libre en toute saison.

Art. 7. L'article 7 édicte la pénalité qui devra être appliquée, en cas d'infraction, aux prescriptions de l'article 1er et du premier paragraphe de l'article 5. Cette pénalité est empruntée à l'article 27 de la loi du 15 avril 1829, mais, en outre, le poisson devra être saisi et vendu dans les formes prescrites par l'article 42 de cette dernière loi.

Le même article 7 punit les délinquants d'une amende double, et les rend, en outre, passibles d'un emprisonnement de six jours à un mois, pour les cas de récidive et lorsqu'il sera constaté que le poisson a été enivré ou empoisonné, ou lorsque le transport aura lieu par bateaux, voitures ou bêtes de somme.

Je n'ai aucune observation à présenter au sujet de cet article, qui s'explique de lui-même.

Art. 8. L'article 8 déclare applicables au frai de poisson et à l'alevin les dispositions relatives à la pêche et au transport des poissons. Il s'ensuit que les exceptions stipulées par les articles 5 et 6, pour les poissons provenant des étangs et réservoirs ou destinés à la reproduction, s'appliquent également au frai et à l'alevin.

Art. 9. La marque et le plombage des filets prescrits par la loi de 1829 ont paru n'offrir que des garanties insuffisantes contre la fraude ; il arrive souvent, en effet, que les marques s'effacent ou que les plombs tombent d'eux-mêmes ; d'un autre côté, il est toujours facile de les détacher des filets autorisés, pour les placer sur des engins prohibés. L'article 9 abroge, en conséquence, l'article 32 de la loi du 15 avril 1829 en ce qui concerne la marque et le plombage des filets. Des décrets détermineront le mode de vérification de la dimension des mailles des filets autorisés pour la pêche de chaque espèce de poissons, en exécution de l'article 26 de la même loi. Ces décrets interviendront prochainement.

Art. 10. L'article 10 indique les agents qui seront chargés de constater les infractions aux dispositions des articles précédents. Aux agents autorisés par la loi du 15 avril 1829 et le décret du 9 janvier 1852, relatif à la pêche côtière, cet article ajoute les agents des Douanes et les employés des Contributions indirectes et des octrois. Cette addition était nécessaire en raison de l'interdiction du colportage, de l'importation et de l'exportation.

Le paragraphe 2 du même article dispose que des décrets détermineront la gratification qui sera accordée aux rédacteurs des procès-verbaux ayant pour objet de constater des délits ; cette gratification sera prélevée sur le produit des amendes. Ce principe est emprunté à la loi de 1844 sur la chasse et au décret du 9 janvier 1852. Il a été, d'ailleurs, très-utilement introduit dans la réglementation relative à la constatation des délits ou contraventions en matière de Douane et de grande voirie. J'aurai soin de vous transmettre les décrets qui seront rendus à ce sujet (1).

Art. 11. Enfin, en vertu de l'article 11 et dernier, la poursuite des délits et contraventions, et l'exécution des jugements pour infractions aux dispositions de la nouvelle loi auront lieu conformément à la loi du 15 avril 1829 et au décret du 9 janvier 1852. La nouvelle loi n'apporte sur ce point aucune modification à la législation actuelle.

Tel est l'ensemble des nouvelles dispositions législatives concernant la pêche. Appliquées avec mesure, mais avec fermeté, elles mettront, on doit l'espérer, un terme aux causes de destruction qui ont appauvri les richesses de nos cours d'eau.

Les restrictions nouvelles qu'elles imposent à l'industrie de la pêche pourront sans doute lui causer quelque gêne, mais elles amélioreront rapidement ses conditions d'exploitation et lui assureront, dans un avenir prochain, des bénéfices bien supérieurs à ceux qu'elle pouvait attendre de procédés abusifs et destructeurs.

Je vous prie de m'accuser réception de cette circulaire, dont j'adresse ampliation à MM. les ingénieurs.

Recevez, Monsieur le Préfet, l'assurance de ma considération la plus distinguée.

Le Ministre de l'Agriculture,
du Commerce et des Travaux publics,

Signé : Armand BEHIC.

(1) Voir le décret du 2 décembre 1865.

RAPPORT A L'EMPEREUR SUR LE RÈGLEMENT GÉNÉRAL RELATIF A LA PÊCHE

Paris, 25 janvier 1867.

SIRE,

Je viens soumettre à l'approbation de Votre Majesté un décret portant règlement sur la pêche dans les cours d'eau de l'Empire. Il me paraît nécessaire, dans une matière qui intéresse à un haut degré l'alimentation publique, de placer sous les yeux de l'Empereur les divers éléments d'instruction qui ont servi à la préparation de ce règlement et les considérations principales qui en expliquent les dispositions et permettent d'en apprécier le but et la portée.

La loi du 31 mai 1865 a introduit quatre dispositions nouvelles très-importantes dans la législation relative à la pêche fluviale. Ces dispositions concernent : la création de réserves pour la reproduction des espèces ; l'établissement d'échelles dans les barrages afin de faciliter la remonte des poissons voyageurs ; la fixation, d'une manière uniforme, des époques d'interdiction de la pêche dans les parties fluviales et maritimes des fleuves qui aboutissent à la mer ; l'interdiction de la vente, du colportage, de l'importation et de l'exportation des différentes espèces pendant les périodes d'interdiction de la pêche.

Les prescriptions de cette loi ont dès à présent reçu en partie leur exécution. Des études ont été faites pour déterminer l'emplacement des réserves ; un décret vient d'être rendu pour la fixation de ces réserves dans les cours d'eau du domaine public du bassin de la Seine ; d'autres décrets interviendront successivement pour les bassins de la Loire, de la Garonne et du Rhône.

Des échelles ont déjà été construites dans plusieurs des barrages existant sur différentes rivières : je citerai notamment la Moselle, la Dordogne, la Vienne, le Blavet. Il en sera établi un certain nombre d'autres aux emplacements désignés par les Conseils généraux et les Ingénieurs, au fur et à mesure que les crédits affectés au service de la pêche le permettront. Enfin, trois décrets des 19, 26 octobre 1863 et 7 février 1866 ont réglé d'une manière uniforme pour toutes les rivières de l'Empire, dans les parties fluviales comme dans les parties maritimes, l'époque de l'interdiction de la pêche du Saumon et de la Truite. Cette époque a été fixée du 20 octobre au 31 janvier.

Là ne devait pas se borner l'action de l'administration.

La loi de 1865 a maintenu en vigueur les dispositions de celle du 15 avril 1829 concernant la police de la pêche ; l'article 26 de cette loi dispose que des ordonnances royales détermineront les périodes d'interdiction de la pêche, les procédés, modes de pêche, filets et engins autorisés, les dimensions au-dessous desquelles les poissons ne peuvent être pêchés, les espèces avec lesquelles il est défendu d'appâter les instruments de pêche.

Une ordonnance royale du 15 novembre 1830, rendue en exécution de cet article de la loi, a énuméré les filets et engins dont l'emploi serait interdit d'une manière absolue, et a délégué aux Préfets le soin de régler, sur l'avis des Conseils généraux et sauf approbation par ordonnance royale, l'exécution des autres prescriptions de l'article précité.

Des règlements distincts sont ainsi intervenus

dans chaque département ; il en est résulté une grande diversité, tant dans les époques d'interdiction de la pêche des nombreuses espèces qui fréquentent nos rivières, que dans les procédés, modes, filets ou engins de pêche autorisés ou prohibés. Ces dispositions contradictoires ont eu le grave inconvénient de faciliter la fraude en rendant souvent illusoire la répression des contraventions.

Il a semblé utile de mettre un terme à cette situation, en adoptant un même règlement pour tous les cours d'eau de l'Empire, sauf quelques dispositions spéciales à certaines localités.

L'uniformité dans les prescriptions concernant la largeur des mailles des filets, les engins et modes de pêche autorisés ou prohibés et les dimensions au-dessous desquelles tel ou tel poisson serait rejeté à l'eau, ne pouvait soulever d'objections sérieuses ; l'application d'une semblable mesure ne devait appeler la discussion qu'en ce qui touche les époques d'interdiction de la pêche des différentes espèces. L'uniformité ne s'harmonise pas, en effet, complétement avec les lois naturelles de la reproduction ; ces lois varient selon les climats et les espèces ; cependant il a paru que, pour tous les poissons habitant les eaux douces de notre territoire, on pouvait admettre un classement correspondant à deux périodes distinctes de ponte, celle d'hiver pour les Salmonidés, et celle d'été pour les autres espèces ; puis déterminer dans chacune de ces périodes un intervalle moyen entre les saisons extrêmes du frai, de manière à protéger suffisamment les espèces les plus hâtives comme les plus tardives.

Un projet de règlement général, préparé d'après ces bases, a été transmis aux Préfets, au mois d'août 1865, par mon prédécesseur, pour être com-

muniqué aux Conseils généraux. Le peu de temps
qui s'était écoulé entre l'envoi de ce règlement et le
moment de la session n'a pas permis à tous ces Conseils d'émettre un avis motivé. L'examen du projet a
dû être repris à la session de 1866. Les délibérations
auxquelles ce projet a donné lieu montrent l'importance que les Conseils généraux ont attachée à
l'étude de cette question. Ces délibérations m'ont été
adressées par les Préfets avec leurs observations
et les rapports des ingénieurs des ponts et chaussées.
Mon administration a puisé dans ces délibérations et
ces rapports les éléments d'une étude nouvelle. Le
projet revisé a été soumis à la Commission de la
pêche réunie sous ma présidence, commission dans
le sein de laquelle ont été appelées les personnes
les plus autorisées et des plus compétentes. Sous les
inspirations de cette commission, le projet a subi
de nouvelles modifications en vue de le rendre aussi
libéral que possible, tout en sauvegardant les intérêts qu'il devait spécialement protéger.

L'article 26 de la loi du 15 avril 1829 ayant disposé que les actes réglementaires de la police de la
pêche seraient approuvés par des ordonnances
royales, j'aurais pu directement soumettre à la sanc-
tion de Votre Majesté le règlement ainsi préparé.
Cependant il m'a paru que, dans une question aussi
complexe, on donnerait aux nombreux intérêts qu'elle
touche une garantie de plus de la sollicitude du
Gouvernement, en provoquant les lumières du Conseil d'État. Dans cette pensée, j'ai demandé l'avis de
la Section de l'Agriculture, du Commerce, des Travaux publics et des Beaux-Arts.

A la suite d'un examen approfondi, la Section a
émis un avis favorable au projet, dans lequel elle a
introduit de nouvelles et utiles modifications.

On peut considérer le règlement sorti de cette longue instruction comme répondant à l'esprit de la loi du 31 mai 1865. S'il édicte quelques prescriptions nouvelles, il en supprime plusieurs dont l'application rigoureuse pouvait paraître excessive et donnait, par cela même, prétexte à des fraudes nombreuses.

Dans cette matière importante, qui touche par des côtés divers les habitudes et le bien-être des populations, nous nous sommes efforcés de concilier le respect des intérêts individuels avec les besoins de l'alimentation publique.

Je suis avec un profond respect,

Sire,

De Votre Majesté,

le très-humble et très-obéissant serviteur et fidèle sujet.

Le Ministre de l'Agriculture,
du Commerce et des Travaux publics,

DE FORCADE.

DÉCRET DU 25 JANVIER 1868

NAPOLÉON, par la grâce de Dieu et la volonté nationale, Empereur des Français,

A tous présents et à venir, salut.

Sur le rapport de notre Ministre de l'Agriculture, du Commerce et des Travaux publics ;

Vu la loi du 15 avril 1829 ;

Vu la loi du 31 mai 1865 ;

La Section de l'Agriculture, du Commerce, des Travaux publics et des Beaux-Arts de notre Conseil d'Etat entendue,

Avons décrété et décrétons ce qui suit :

Article premier. Les époques pendant lesquelles la pêche est interdite, en vue de protéger la reproduction du poisson, sont fixées comme il suit :

1° Du 20 Octobre au 31 Janvier, est interdite la pêche du Saumon, de la Truite et de l'Ombre chevalier ;

2° Du 15 Avril au 15 Juin, est interdite la pêche de tous les autres poissons et de l'Écrevisse.

Est comprise dans cette interdiction la pêche de l'Ombre commun, de l'Anguille et de la Lamproie, mais non celle des autres poissons qui vivent alternativement dans les eaux douces et les eaux salées.

Les interdictions prononcées dans les paragraphes précédents s'appliquent à tous les procédés de pêche, même à la ligne flottante tenue à la main.

Art. 2. Les Préfets pourront, chaque année, par des arrêtés spéciaux, après avoir pris l'avis des Conseils généraux, interdire exceptionnellement la pêche de toutes les espèces de poissons pendant l'une ou l'autre desdites périodes, lorsque cette interdiction sera nécessaire pour protéger l'espèce prédominante.

Ces arrêtés seront soumis à l'approbation de notre Ministre de l'Agriculture, du Commerce et des Travaux publics.

Art. 3. Dans la semaine précédant chaque période d'interdiction de la pêche, des publications seront faites dans les Communes pour rappeler les dates du commencement et de la fin de ces périodes.

Art. 4. Quiconque, pendant la période de l'interdiction de la pêche, transportera ou débitera des poissons provenant des étangs et réservoirs, sera tenu de justifier de l'origine de ces poissons.

Art. 5. Les poissons saisis et vendus aux enchères,

conformément à l'article 42 de la loi du 15 avril 1820, ne pourront pas être exposés de nouveau en vente.

Art. 6. La pêche n'est permise que depuis le lever jusqu'au coucher du soleil.

Toutefois, la pêche de l'Écrevisse et de l'Anguille pourra être autorisée après le coucher et avant le lever du soleil, aux heures fixées par un arrêté préfectoral. Cet arrêté déterminera, pour l'Écrevisse, la nature et les dimensions des engins dont l'emploi sera permis.

Art. 7. Le séjour dans l'eau des filets et engins ayant les dimensions réglementaires, est permis à toute heure, sous la condition qu'ils ne pourront être placés et relevés que depuis le lever jusqu'au coucher du soleil.

Art. 8. Les dimensions au-dessous desquelles les poissons et Écrevisses ne pourront être pêchés et devront être immédiatement rejetés à l'eau, sont déterminées comme il suit pour les diverses espèces :

1º Les Saumons et Anguilles, vingt-cinq centimètres de longueur ;

Les Truites, Ombres chevaliers, Ombres communs, Carpes, Brochets, Barbeaux, Brèmes, Meuniers, Muges, Aloses, Perches, Gardons, Tanches, Lottes et Lamproies, quatorze centimètres de longueur ;

3º Les Soles, Plies et Flets, dix centimètres de longueur ;

4º Les Écrevisses, huit centimètres de longueur.

La longueur des poissons ci-dessus mentionnés sera mesurée de l'œil à la naissance de la queue ; celle de l'Écrevisse, de l'œil à l'extrémité de la queue déployée.

Les prescriptions qui précèdent ne sont pas applicables aux poissons pris à la ligne flottante.

Art. 9 (1). Les mailles des filets, mesurées de chaque côté après leur séjour dans l'eau, et l'espacement des verges des bires, nasses et autres engins employés à la pêche des poissons, auront les dimensions suivantes :

1° Pour les Saumons, quarante millimètres au moins ;

2° Pour les grandes espèces autres que le Saumon et l'Écrevisse, vingt-sept millimètres au moins ;

3° Pour les petites espèces, telles que Goujons, Loches, Vérons, Ablettes et autres, dix millimètres.

La mesure des mailles sera prise avec une tolérance d'un dixième.

Art. 10. Les filets fixes ou flottants ne pourront excéder en longueur les deux tiers de la largeur mouillée des cours d'eau où on les manœuvrera. Plusieurs filets ne pourront être employés simultanément sur la même rive ou sur deux rives opposées qu'à une distance au moins triple de leur développement.

Art. 11. Les filets fixes employés à la pêche seront soulevés par le milieu pendant trente-six heures de chaque semaine, du samedi, à six heures du soir, au lundi, à six heures du matin, sur une longueur équivalente au dixième de leur développement, et de manière à laisser entre le fond et la ralingue inférieure un espace libre de cinquante centimètres au moins de hauteur.

Art. 12. Sont prohibés tous les filets traînants, à l'exception du petit épervier jeté à la main et manœuvré par un seul homme.

(1) Voir le décret du 26 août 1865, déterminant le mode de vérification de la dimension des mailles de filets.

Est pareillement prohibé l'emploi des lacets ou collets.

Art. 13. Il est interdit :

1o D'établir dans les cours d'eau des appareils ayant pour objet de rassembler le poisson dans des noues, boires, fossés ou mares dont il ne pourrait plus sortir, ou de le contraindre à passer par une issue garnie de pièges ;

2o D'accoler aux écluses, barrages, chutes naturelles, pertuis, vannages, coursiers d'usines et échelles à poissons des nasses, paniers et filets à demeure ;

3o De pêcher, avec tout autre engin que la ligne flottante tenue à la main, dans l'intérieur des écluses, barrages, pertuis, vannages, coursiers d'usines et passages ou échelles à poissons, ainsi qu'à une distance moindre de trente mètres en amont ou en aval de ces ouvrages ;

4o De pêcher dans les parties des rivières, canaux ou cours d'eau dont le niveau serait accidentellement abaissé, soit pour y opérer des curages ou travaux quelconques, soit par suite du chômage des usines ou de la navigation.

Art. 14. Sur la demande des adjudicaires de la pêche des cours d'eau et canaux navigables et flottables, et sur la demande des propriétaires de la pêche des autres cours d'eau et canaux, les Préfets pourront autoriser, dans les emplacements et à des époques déterminés, des manœuvres d'eau et des pêches extraordinaires pour détruire certaines espèces, dans le but d'en propager d'autres plus précieuses.

Art. 15. Des arrêtés préfectoraux rendus sur les avis des ingénieurs et des conseils de salubrité détermineront :

1o La durée du rouissage du lin et du chanvre

dans les cours d'eau et les emplacements où cette opération pourra être pratiquée avec le moins d'inconvénient pour le poisson ;

2° Les mesures à observer pour l'évacuation dans les cours d'eau des matières et résidus susceptibles de nuire au poisson et provenant des fabriques et établissements industriels quelconques.

Art. 16. Sont abrogés les ordonnances des 15 novembre 1830 et 28 février 1842, les décrets des 19 octobre 1802 et 7 février 1866, ainsi que tous règlements locaux sur la pêche et les ordonnances ou décrets qui les approuvent (1).

Toutefois, les dispositions du présent décret ne sont pas applicables au Rhin (2) et à la Bidassoa (3), lesquels restent soumis aux lois et règlements qui les régissent spécialement.

17. Notre Ministre de l'Agriculture, du Commerce et des Travaux publics est chargé de l'exécution du présent décret.

Fait au palais des Tuileries, le 25 janvier 1868.

NAPOLÉON.

Par l'Empereur :
*Le Ministre de l'Agriculture,
du Commerce et des Travaux publics.*
DE FORCADE.

(1) Les ordonnances des 15 novembre 1830 et 28 février 1842, et les décrets des 19 octobre 1863 et 7 février 1858 avaient été rendus pour satisfaire à l'article 26 de la loi du 15 avril 1829, dont les prescriptions sont remplies d'une manière plus complète par le présent décret.

(2) Voir, pour le Rhin, l'article 4 de l'ordonnance du 15 novembre 1830 ainsi que l'ordonnance du 22 décembre 1840.

(3) Voir, pour la Bidassoa, la loi du 11 juin 1859 rendue en exécution de l'article 22 du traité de limites conclu entre la France et l'Espagne le 2 décembre 1856.

E.

CIRCULAIRE SUR LE RÈGLEMENT GÉNÉRAL DE LA PÈCHE FLUVIALE.

Paris, 1er février 1868.

Monsieur le Préfet, j'ai l'honneur de vous transmettre le décret du 25 janvier dernier, portant règlement de la pêche fluviale.

Ce décret doit remplacer les règlements locaux successivement intervenus dans chaque département.

Le rapport à l'Empereur qui précède le décret en expose le but et la portée ; il fait connaître l'esprit dans lequel il a été préparé ; je n'ai aucune observation à ajouter sur ce point, mais il me paraît utile de joindre au texte du règlement quelques explications sur les principales dispositions qu'il renferme.

L'article 1er détermine les deux périodes d'interdiction correspondantes aux deux saisons de ponte des espèces peuplant les eaux douces.

La première période, du 20 octobre au 21 janvier, a déjà été consacrée par les décrets des 19 octobre 1863 et 7 février 1866, relatifs à l'interdiction de la pêche de la Truite et du Saumon. Les résultats obtenus ont justifié la mesure. A ces deux espèces on a ajouté l'Ombre chevalier, de la famille des Salmonidés, qui fraye à la même époque que la Truite.

Cette période, d'une durée de trois mois et demi, ne pouvait être réduite ; elle est sensiblement plus courte, d'ailleurs, que la période adoptée par la législation anglaise : la période d'interdiction de la pêche des Salmonidés varie, dans les trois parties du Royaume-Uni, entre cinq et six mois.

La seconde période a semblé pouvoir être limitée à deux mois, du 15 avril au 15 juin. La plupart des règlements locaux faisaient remonter cette période jusqu'en Mars pour quelques poissons ; cette mesure pouvait présenter des difficultés sérieuses pour l'alimentation publique à une époque de l'année où une partie de la population fait plus spécialement usage des aliments maigres. Cette période de deux mois a paru suffisante, d'ailleurs, pour la protection du plus grand nombre d'espèces. Elle embrasse tous les poissons d'eau douce ainsi que l'Ecrevisse. On a dû l'étendre, en outre, à trois espèces qui vivent alternativement dans les eaux douces et les eaux salées : l'Ombre commun, l'Anguille et la Lamproie.

Il importait que ces dispositions, édictées dans l'intérêt de la reproduction, fussent aussi efficaces que possible ; cette pensée a déterminé l'interdiction même de la pêche à la ligne flottante tenue à la main.

L'article 2 a pour objet de prévenir des abus qui pouvaient être commis pendant l'une ou l'autre période d'interdiction. Il fallait éviter que, sous le prétexte de pêcher des espèces non comprises dans la catégorie de celles qu'embrasse telle ou telle période d'interdiction, on pût capturer des poissons que cette même période protége. Cet abus n'était à prévoir cependant que pour les cours d'eau renfermant une espèce prédominante. Il fallait admettre, pour ces cas particuliers, la faculté d'une interdiction absolue de toute pêche pendant l'une ou l'autre des périodes d'interdiction. En même temps, il convenait de donner la garantie que de semblables mesures ne seraient prises qu'en vue d'une nécessité bien démontrée. Cette garantie se rencontre dans l'intervention des Conseils généraux, qui devront être préalablement consultés, et dans l'approbation du Ministre, à laquelle les arrêtés préfectoraux devront être soumis.

L'article 3 ordonne les publications annuelles des époques d'interdiction de la pêche par analogie avec ce qui est usité pour la chasse. Cette prescription a paru utile pour prévenir, autant que possible, les contraventions.

L'article 4 réglemente la tolérance accordée par la loi pour la vente en temps prohibé des poissons provenant des étangs et réservoirs. C'est un simple avertissement donné à ceux qui voudront jouir du bénéfice de cette faculté exceptionnelle, afin qu'ils prennent telles dispositions nécessaires pour ne pas être inquiétés.

On avait songé d'abord à préciser le mode de justification de la provenance des poissons ; mais l'on a dû y renoncer pour donner une plus grande latitude aux intéressés, en laissant aux Tribunaux compétents le soin d'apprécier la validité des preuves fournies.

L'article 5 a pour objet d'éviter les difficultés qui se sont élevées au sujet de l'application de l'article 42 de la loi de 1829, aux termes duquel le poisson saisi pour cause de délit doit être vendu aux enchères publiques. La loi, en ordonnant la vente aux enchères de ce poisson, a certainement entendu qu'il fût livré à la consommation, et non point qu'il pût être réexposé en vente ; autrement la répression de la fraude serait impossible, car on ne pourrait distinguer, sur le marché, le poisson provenant de cette première vente aux enchères, de celui qui serait exposé en contravention.

L'article 6 dispose que la pêche n'est permise que depuis le lever jusqu'au coucher du soleil. La pêche

de nuit est inconciliable avec une surveillance efficace. La plupart des règlements locaux l'avaient
interdite, reproduisant sur ce point une des dispositions les plus utiles de l'ancienne ordonnance des
eaux et forêts de 1669.

Des exceptions sont toutefois stipulées pour la
pêche de l'Ecrevisse et de l'Anguille, qu'on ne peut
prendre facilement que la nuit.

Une exception semblable est prévue par l'article 7
pour le séjour dans l'eau de certains engins fixes.

L'article 8 détermine les dimensions au-dessous
desquelles les poissons ne peuvent être pêchés. On a
groupé les différentes espèces en quatre catégories ;
les dimensions varient de 25 à 8 centimètres. Ces
dimensions, inférieures la plupart à celles fixées
par les règlements locaux, sont d'ailleurs en harmonie avec celles que fixent les règlements de la
Marine.

L'article 9 règle les dimensions des mailles des
filets et l'espacement des verges des engins.

L'ouverture des mailles des filets employés à la
pêche sera de 40 millimètres au moins pour le Saumon. Cette ouverture n'a point été réglée antérieure-
ment d'une manière générale ; elle ne se trouve
précisée que dans un petit nombre de règlements
locaux. La dimension de 40 millimètres est un peu
plus faible que celle admise dans la législation Anglaise.

L'ordonnance du 15 novembre 1830 avait fixé à
30 millimètres la dimension des mailles des filets et
l'espacement des verges des engins destinés à la
pêche des grandes espèces autres que le saumon ; on
a pensé qu'il était possible de réduire ces dimensions à 25 millimètres pour ces espèces et pour
l'Ecrevisse.

Cette réduction fait droit à de nombreuses réclamations qui s'étaient élevées au sujet de la dimension de 30 millimètres.

Pour les petites espèces, telles que Goujons, Vérons, Ablettes et autres, on a adopté les mailles de 10 millimètres, en vue principalement de donner satisfaction à l'industrie assez considérable de la fabrication des perles artificielles qui emploie l'écaille des Ablettes.

Ces dimensions comportent toutes une tolérance d'un dixième.

Les dispositions insérées aux articles 10, 11 et 12 ont empruntées en partie à la législation Anglaise. Elles préviendront les abus qui résulteraient de la facilité de barrer complétement les cours d'eau par l'emploi de filets d'un trop grand développement relativement à la largeur mouillée de ces cours d'eau, et faciliteront les libertés de locomotion, surtout aux poissons voyageurs, pendant des intervalles de temps périodiques, dans les parties des cours d'eau obstruées par des filets sédentaires ; l'interdiction de l'emploi des filets traînants, à l'exception du petit épervier, se justifie d'elle-même.

On a éprouvé de tout temps d'assez grandes difficultés pour déterminer convenablement les procédés, modes de pêche et engins qu'il convenait de prohiber.

L'ordonnance de 1669, la loi de 1829, l'ordonnance de 1830 et les règlements locaux ont successivement édicté différentes prohibitions. Ces prohibitions renferment des divergences notables. Il était nécessaire de faire cesser ces divergences en se bornant à défendre les pratiques les plus nuisibles et en laissant une latitude entière au sujet de celles qui, tout en facilitant la capture du poisson, ne sauraient porter un sérieux préjudice au repeuplement. Tel a été le but du petit nombre de dispositions insérées dans l'article 13.

Les manœuvres d'eau et les pêches exceptionnelles autorisées par l'article 14 se motivent par le résultat à obtenir.

L'article 15 a pour but de concilier les besoins de l'agriculture et de l'industrie avec les prescriptions de l'article 25 de la loi du 15 Avril 1829, qui défend de jeter dans les eaux des drogues de nature à détruire le poisson. Cet article stipule que le rouissage du lin et du chanvre et l'évacuation dans les cours d'eau des matières nuisibles seront réglés par des arrêtés préfectoraux, sur l'avis des Ingénieurs et des Conseils de salubrité.

Enfin l'article 16 abroge les ordonnances des 15 Novembre 1830 et 28 Février 1842, ainsi que tous les règlements locaux sur la pêche ; il rapporte également les décrets des 19 Octobre 1863 et 7 Février 1866, qui fixent l'époque de l'interdiction de la pêche du Saumon et de la Truite ; l'article 1er édicte des dispositions plus générales.

Le décret du 25 Janvier 1868 deviendra le seul règlement en vigueur dans tout l'Empire. Il permettra d'établir l'unité dans la jurisprudence et rendra ainsi plus facile la répression des contraventions.

Ce règlement répond aux vœux des Conseils généraux, car, s'il renferme quelques dispositions nouvelles indispensables pour assurer la reproduction des précieuses espèces qui peuplent nos rivières, il en fait disparaître beaucoup d'autres dont l'application rigoureuse paraissait excessive et servait, par là même, de prétexte à la fraude.

MM. les Ingénieurs se pénétreront de l'esprit qui

a présidé à la rédaction de ce règlement, et veilleront à ce que les nombreux agents chargés, sous leurs ordres, de la surveillance de la pêche assurent l'exécution des prescriptions qu'il renferme.

Recevez, Monsieur le Préfet, l'assurance de ma considération la plus distinguée.

Le Ministre de l'Agriculture,
du Commerce et des Travaux publics.
Signé DE FORCADE.

CHAPITRE VII.

Des différentes espèces de poissons et de la manière de les pêcher.

La *carpe*. — La carpe, un des poissons les plus abondants de nos étangs, de nos lacs et de nos rivières, appartient ainsi que le gardon, le barbeau, la tanche, la chevenne, etc., à l'espèce dite genre *cyprin*, qui comprend tous les poissons qui n'ont pas de dents aux mâchoires, et sont, par conséquent, très-peu carnassiers. La tête de la carpe est grosse, ses lèvres sont épaisses et son front large. Ces poissons varient de grosseur ; il n'est pas rare d'en pêcher qui pèsent de cinq à six kilogrammes. Les carpes du Rhin atteignent des proportions phénoménales, et l'on en voit dans les pièces d'eau de Fontainebleau et de Chantilly qui sont d'une taille monstrueuse. Leur couleur, que tout le monde connaît, varie suivant

leur âge et les eaux qu'elles fréquentent; celles qui
vivent dans les étangs sont bien moins jaunes que
celles qui habitent les rivières ou les lacs ; on reconnaît les plus vieilles à la rareté de leurs écailles et à
leur blancheur. Le frai des carpes a lieu dans les
jours chauds de mai et d'avril. Il n'est pas rare qu'une
femelle soit suivie de plusieurs mâles. Les naturalistes
s'accordent à dire que ce poisson peut vivre plus de
cent ans. La carpe dont la reproduction est incal-
culable se trouve dans toutes les rivières et dans
tous les étangs (celles des rivières sont préférables
et supérieures aux autres). Elle est excessivement
gourmande, se nourrit du frai d'autres poissons, de
pousses de plantes d'eau et d'insectes ailés qu'elle
attrape en montant à la surface de l'eau. L'hiver elle
se retire au fond de la vase et y reste engourdie sans
prendre de nourriture. Elle a la vie très-dure et vit
très-longtemps hors de l'eau ; elle est fine, rusée,
défiante. Il faut pour la pêcher beaucoup de pru-
dence : se tenir à quelque distance du bord, avoir
soin de jeter sa ligne avec précaution et sans trop
agiter et troubler l'eau. Beaucoup de pêcheurs ont
soin d'amorcer la veille les fonds où ils ont l'intention de pêcher ; c'est un moyen efficace pour faire
une bonne pêche. La pêche aux lignes dormantes est
la plus fructueuse des pêches à la ligne ; mais le filet,
l'épervier, réussissent encore mieux, pour se rendre
maître de ce poisson dont la vigueur et le poids l'em-
portent souvent sur la solidité des plus fortes cannes
et des meilleures lignes. Dans les étangs, on pêche la
carpe en mettant l'étang à sec. La carpe, dont la chair
est délicieuse, se pêche de mars en septembre. On se
sert, de mars au commencement de juin, de chènevis, de fèves, de blé cuits, de vers rouges ; de juin
à septembre on emploie des pois, des vers rouges, des

vers de viande. On se sert aussi beaucoup de petits
poissons et de queues d'écrevisses.

La *tanche*. — La tanche, moins grosse que la carpe,
appartient, comme cette dernière, au genre cyprin.
On la trouve plutôt dans les lacs, les étangs et même
les marais, que dans les rivières, se plaisant surtout
dans les eaux dormantes. Ses écailles toutes petites
sont enduites d'une mucosité visqueuse; elle a la tête
grosse, les nageoires fort épaisses et violacées; la
femelle se reconnaît à sa couleur d'un verdâtre plus
foncé. Le frai est en avril et en mai; le poids du
poisson varie de 500 grammes à 1 kilogramme. La
chair de la tanche avec goût vaseux est loin de valoir
celle de la carpe. On a soin avant de la manger de la
faire dégorger dans l'eau pendant plusieurs jours; la
chair du mâle, grasse, est préférable à celle de la
femelle. La tanche se pêche de la même façon que la
carpe, surtout le matin et le soir, et, par les temps
de chaleur, quand le temps est lourd et pluvieux.
Elle habite le fond de l'eau; il faut par conséquent
que l'appât approche du fond. La ligne, sans flotte,
doit donc être suffisamment plombée et munie d'hameçons nos 7 et 8. Quelques pêcheurs prennent la
tanche au moyen de nasses amorcées avec du son
trempé de sang caillé; on emploie aussi la senne et
le tramail, rarement l'épervier. La vraie pêche se fait
de mai en septembre. On emploie comme amorces
des vers rouges, des vers de terre, des fèves, du chènevis, du blé cuit, des queues d'écrevisses.

Certains traités de pêche ont fait sur la tanche des
contes qui peuvent être plaisants, mais sont encore
plus invraisemblables. Selon ces auteurs facétieux,
sa chair guérirait de la peste, des maux de tête, de
la jaunisse. Les médecins n'auraient alors qu'à bien
se tenir, et quant à la tanche il devrait être défendu

d'en manger. Toute la vertu que nous attribuons à la tanche c'est que bien préparée et cuite à point, selon les règles d'une bonne cuisine, elle peut guérir un estomac... malade d'appétit.

Le *barbeau*. — Ce poisson a certaines analogies avec la carpe ; il en diffère par son corps plus grand et plus rond, ses petites écailles parsemées sur le dos de taches olivâtres et pointées de bleu sur les côtés. Ses nageoires sont rougeâtres, la nageoire dorsale, courte et de couleur gris blanc, est armée d'une espèce d'épine. Il ressemble aussi un peu au brochet par sa tête longue et sa queue. Le barbeau se trouve dans toutes les rivières, spécialement dans les eaux courantes et rapides à fond pierreux. Sa force vitale est telle qu'il vit quatre ou cinq heures après avoir été retiré de l'eau. Lorsqu'il est petit, il porte le nom de *barbillon*. Il craint beaucoup les grandes chaleurs et se cache sous les cailloux, les excavations que forment les eaux au-dessous des rives. Il vit très-longtemps et ne fraye guère que vers sa quatrième année. Sa chair blanche est fort goutée des gourmets et des amateurs de matelottes. Certains naturalistes attribuent aux œufs du barbeau une vertu malfaisante ; selon eux, ces œufs seraient un poison. D'autres savants affirment le contraire. Ce qu'il y a de mieux à faire est de ne croire ni les uns ni les autres et de ne pas manger d'œufs de barbeau.

Le genre de pêche le plus usité pour ce poisson, est la pêche à la ligne à soutenir sur laquelle nous avons donné des détails. On amorce l'hameçon (de n° 3 ou n° 4, empilé sur quatre boyaux de ver à soie tordus ensemble) avec de la viande de bœuf, des sangsues, du fromage de Gruyères ou des vers de latrines dits à queue de rat. Cette pêche qu'on doit commencer au commencement de la nuit et finir au jour, demande beaucoup d'attention. On doit attendre d'être sûr que le poisson a bien réellement mordu, et alors piquer avec vigueur et rapidement, sans quoi on courrait risque de laisser s'échapper le barbeau dont l'hameçon perce avec peine la bouche qui est très-dure. On pêche aussi avec la ligne à pêcher dans les pelotes, surtout les barbillons. On fait les pelotes avec de la terre glaise qu'on pétrit avec des vers de viande ou asticots et du crottin de cheval; on la descend au fond de l'eau. Trois quarts d'heure ou une heure après, on forme une autre pelote de la même manière que la première, mais seulement de la grosseur d'un œuf de pigeon; on y introduit le plomb et l'hameçon amorcé du plus grand nombre de vers possible et on la dirige vers la grosse pelote. (On doit avoir soin de renouveler souvent la petite pelote qui se dissout rapidement dans l'eau.) Les poissons, attirés par les vers épars autour de la ligne, se dirigent bientôt vers la pelote; à force de la mordre ils arrivent à l'hameçon dont ils ne soupçonnaient pas la présence et sont accrochés avant qu'ils aient pu s'en défier. Aussitôt que le pêcheur qui ne doit point se préoccuper des légères secousses que peut éprouver la ligne, sent une résistance énergique ou une très-forte pression, il doit piquer avec vitesse et vigueur. Ce genre de pêche ne peut se pratiquer avec succès que de sept heures du soir à quatre ou cinq heures du matin, seulement par une nuit noire. Au clair de lune, comme au jour, on y travaillerait vainement. On pêche encore le barbeau au filet, au verveux, à l'épervier, quelquefois même avec des jeux ou des lignes de fond. Voici le détail des amorces dont on se sert suivant la saison : du mois de juin au mois de septembre, on emploie

des vers de viande, du fromage de gruyère, des boulettes, des vers rouges, des queues d'écrevisses. Les
vers d'eau sont les amorces les meilleures pour le
mois d'août.

La *brême*. — Ce poisson, comme la carpe, appartient au genre cyprin. Il en diffère par ses écailles
très-grandes, son dos noir, son ventre blanc, son
corps aplati. On remarque environ cinquante points
noirs le long de la ligne latérale. Il n'a pas d'épines
à ses nageoires qui sont violettes et très-souvent
tachetées de noir. La brême dont la pêche est très-
importante se trouve principalement dans les lacs et
les eaux dormantes. Elle aime à se tapir dans les racines des joncs, près des rivages, et dans les fonds
vaseux. Elle est surtout abondante dans le nord de
l'Europe : son poids est de deux à trois kilogrammes,
sa taille de cinquante à soixante centimètres. Elle
multiplie beaucoup, et il n'est pas rare de trouver
plus de 1,000 œufs dans le ventre d'une seule femelle. Sa chair est peu délicate ; les eaux vaseuses
qu'elle fréquente lui communiquent un goût repous-
sant. « La brême, disent MM. René et Liersel, dans
leur *Traité de la pêche*, craint le bruit ; le coup de
fusil d'un chasseur, le bruit du tambour, le son d'une
cloche suffisent pour mettre en fuite une troupe de
ces poissons. C'est pourquoi, en Suède, l'on s'abstient
dans les villages situés sur les bords des lacs, de
sonner les cloches, même aux jours de fête, pendant
le temps du frai. » On compte plusieurs variétés de
brêmes : les pêcheurs de la Seine appellent les
jeunes brêmes *henriots* et les moyennes *brémotes*.
Pour pêcher ce poisson, on se sert le plus souvent
des lignes dormantes. D'ailleurs, sa pêche est la même
que celle de la carpe et de la tanche. Du mois d'avril
au mois d'août, on amorce l'hameçon avec des vers

de terre, des vers d'eau, des vers de viande, des queues d'écrevisses, du blé et du chènevis cuits. En août et septembre on emploie surtout du blé et du riz cuits. La pêche de la brème demande beaucoup d'attention et surtout le plus grand silence. L'été, on ne doit la pêcher que le matin et le soir. On pêche encore ce poisson avec les nasses et l'épervier : dans ce cas, on doit amorcer le soir avec du blé cuit ou du son, l'endroit où l'on veut le lendemain jeter l'épervier.

Le *brochet*.—De tous les poissons, le brochet est le plus vorace; il est la terreur des petits poissons auxquels il fait une chasse continuelle. On l'a surnommé le *requin* d'eau douce. Il dévore même ses petits. Très-fort, riche de couleurs, agréable dans ses proportions, il vit, selon quelques naturalistes, pendant plusieurs siècles. Quand il est jeune il porte le nom de *lançon* et *lanceron*; il s'appelle *poignard* quand il est de taille moyenne, *carreau* lorsqu'il a atteint toute sa grosseur. Dans le nord de l'Europe ce poisson atteint une taille étonnante. « Le brochet le plus grand qui ait jamais été connu, dit M. Kretz, fut pris en Écosse par le colonel Thortorn, en 1784; ce ne fut qu'après une heure et demie qu'il parvint à l'attraper; il pesait 26 kilogrammes, et avait, de l'œil à la queue, 1 mètre 35 centimètres; sa longueur entière était de 1 mètre 45 centimètres. Une petite cicatrice qu'il portait indiquait une plaie que lui fit un hameçon qu'il avait avalé dix années auparavant, et qui avait percé presque à travers la peau; car, après avoir ouvert la partie décolorée, on découvrit l'hameçon et on l'ôta. » Le brochet a la tête plate et la bouche très-grande; ses dents sont fortes et acérées, les unes fixes, les autres seulement attachées à la peau et mobiles; on en a compté jusqu'à sept cents, et au delà. Son corps vigoureux est très-allongé; ses écailles, petites, de couleur verdâtre la première année, deviennent plus tard grises avec des taches pâles qui, avec les années, deviennent jaunes, et couleur d'or, au moment du frai. Ce poisson se trouve spécialement dans les lacs, les étangs, dans toutes les eaux dormantes. Il fréquente aussi certains fleuves et les rivières au courant peu rapide. Sa fécondité est extrême. On a trouvé jusqu'à 130,000 œufs dans le ventre d'une femelle. Son frai dure du mois de février à la fin d'avril. Sa chair est ferme, blanche et délicate. Le foie des brochets qui habitent une eau limpide et pure est spécialement estimé; mais, selon beaucoup de naturalistes, leurs œufs sont malfaisants. Le brochet se pêche aux lignes dormantes et à la ligne flottante; cette dernière doit être munie d'un émérillon à sa partie inférieure, et d'hameçons n° 00. « Lorsque vous voudrez vous livrer à cette pêche, disent MM. René et Liersel, procurez-vous des petits poissons que vous emporterez tout vivants dans une boîte à poissons, remplie d'eau; vous monterez ensuite la canne et vous disposerez votre ligne en la faisant passer dans tous les anneaux. Après avoir fixé votre moulinet, déroulez une longueur de ligne de quatre à cinq mètres; fixez-y convenablement la flotte et laissez autant de distance entre l'hameçon et la flotte qu'entre l'hameçon et le fond de l'eau. Si, par exemple, le lieu où vous pêchez a trois mètres de profondeur, laissez 1 mètre 50 centimètres de distance entre la flotte et l'hameçon. Amorcez votre hameçon avec un petit poisson et lancez-le à l'eau; puis, les yeux fixés sur la flotte, attendez que le brochet morde à l'appât. Ce moment se fait rarement attendre; mais ce poisson vorace le saisit avec tant de vivacité et

de force, que, si l'on n'était point préparé à lui
rendre de la ligne en dévidant, il ne manquerait pas
de la rompre. Attendez encore quelques instants,
que l'hameçon soit bien entré dans les intestins, car
il faut remarquer que l'avidité du brochet est telle
qu'il avale entièrement hameçon et amorce. » On
prend aussi le brochet au collet, à l'épervier, aux
vessies. Mais la pêche la plus fructueuse est la pêche
à la ligne. C'est surtout entre septembre et janvier,
que la pêche est abondante. On amorce avec des
queues d'écrevisses, des poissons morts, de la
viande de veau, du bœuf cuit, des goujons, des petites grenouilles, de janvier en avril et pendant novembre et décembre. Du mois de mai à septembre,
les meilleurs appâts sont des chevennes les plus petites possible, et des goujons.

La *chevenne*. — Ce poisson s'appelle aussi *che-
vanne*, *juerme* ou *meunier*. Il est, comme l'ablette,
le véron, de l'espèce des poissons blancs. Il fréquente
spécialement les environs des moulins, de là son
nom de meunier. Son poids ordinaire est de 1 à 2
kilogrammes; mais il parvient souvent à une taille
considérable. Il n'est pas rare d'en rencontrer qui
pèsent 5 kilogrammes. Il multiplie beaucoup, et fraye
de mars en mai. C'est de juin à février, le matin et
le soir, que sa pêche est surtout fructueuse. Il est
d'ailleurs très-facile à pêcher, car, étant d'une gour-
mandise proverbiale, il mord rapidement et avec avidité. Sa chair est assez agréable, surtout pendant la
froide saison. La chevenne se pêche avec toutes sortes
de lignes. Les appâts dont on se sert avec le plus de
succès sont, en janvier et février, les asticots, les
vers rouges, les sauterelles, les vers de terre, les
papillons, des mouches, des fèves et du blé cuits, du
bœuf, du sang caillé, du fromage de Gruyères; en

juin, des hannetons, des chenilles; pendant juillet et août, de la cervelle de veau, des raisins, des cerises. On pêche aussi beaucoup la chevenne à la mouche artificielle, car elle se nourrit surtout de papillons, de mouches, d'insectes de toutes sortes qui voltigent à la surface de l'eau qu'elle fréquente de préférence au fond. Quoique vorace et mordant vite, ce poisson est défiant et peureux; le pêcheur doit donc garder le plus grand silence et surtout éviter d'être vu.

Le *gardon*.—Comme la carpe et la brème avec lesquelles il a certaines ressemblances, le gardon appartient au genre cyprin. Il est remarquable par ses nageoires rouges qui l'ont fait surnommer cyprin rose. Il a le dos d'un vert foncé, le ventre couleur d'argent, les écailles très-grandes; il n'atteint, comme grandeur, guère plus de 27 centimètres et pèse de 500 à 700 grammes. On le trouve en abondance dans toutes les rivières et les lacs d'Europe, spécialement dans les eaux limpides et courantes, près des ponts; dans la Seine et les environs de Paris, on le trouve à profusion. Il multiplie d'une façon étonnante; il n'est pas rare de trouver jusqu'à quatre-vingt mille œufs dans le ventre d'une femelle. Il fraye au mois de mai dans des herbes aquatiques; il fait sa nourriture principale d'herbages et d'insectes. Sa chair pleine d'arêtes n'est pas très-estimée. « Lorsque vient le printemps, dit le Traité général de toutes les pêches (Encyclopédie Roret), il remonte les rivières en suivant un ordre assez singulier; les mâles et les femelles se séparent pour former chacun des troupes distinctes. Une troupe de mâles part la première; une troupe de femelles la suit sans jamais se mêler avec elle, et enfin une seconde troupe de mâles ferme la marche. Ils sont très-serrés les uns contre les autres, et si quelque accident les sépare en route, ils reforment bientôt leurs bataillons et reprennent leur marche quand le danger est passé. » C'est au mois de mai que commence la pêche des gardons ; on se sert alors de l'*épine-vinette*, appât qui n'est autre qu'un ver de viande réduit à l'état de nymphe de couleur rouge. On amorce le fond de l'eau avec des pelotes de terre grasse, de son, de crottin de cheval mêlées d'épines-vinettes. Ce genre de pêche se fait en mai et en juin, par une température douce et calme. Le gardon a la bouche très-tendre et mord légèrement, on doit donc piquer doucement par un mouvement du poignet, si on ne veut perdre le poisson en lui déchirant la mâchoire. On doit avoir soin, si l'on veut faire une pêche fructueuse, de renouveler souvent les pelotes ; car, étant peu fermes, elles ne tardent pas à se dissoudre au contact de l'eau. On pêche encore le gardon avec succès en amorçant avec du blé cuit, en juin et juillet, et surtout dans les eaux peu profondes. Pendant les chaleurs, la pêche ne réussit guère que le matin. Dans le mois de novembre, on pêche avec des jeux ; l'hiver, avec toutes les lignes. Enfin, on prend aussi ce poisson avec toutes sortes de filets. Pour la pêche dans les étangs dont les gardons sont bien inférieurs comme délicatesse à ceux des rivières, on amorce avec la pâte dont nous venons de parler et des sauterelles.

La *vandoise*.—Ce poisson porte aussi le nom de *dard* que lui a mérité la rapidité avec laquelle il nage. Il fend l'eau comme une flèche fend l'air. C'est un joli poisson au corps allongé, au dos noirâtre, au ventre blanc ; en général, sa couleur est argentée. Sa taille varie entre vingt-cinq et trente-trois centimètres. Il se nourrit d'insectes et de vers. Il est très-commun en France et généralement dans toutes les eaux rapides d'Europe et les bords des ruisseaux. Il est très-fécond et fraye au mois de juin. Sa chair est peu estimée. Il se pêche de la même façon que le gardon, à la ligne et au filet.

Le *goujon*.—Ce petit poisson se trouve dans toutes les rivières dont il fréquente le fond. Il est reconnaissable aux deux barbillons qu'il porte aux lèvres, et ses nageoires d'un rouge jaunâtre. Sa taille est d'environ huit centimètres. Il se nourrit de vers, de petits œufs et de plantes. Sa chair excellente fait le délice des gourmets. On doit surtout chercher le goujon dans les endroits sablonneux qu'il affectionne. Mais la condition principale pour faire une bonne pêche, c'est de sonder l'eau de façon à donner à la ligne, depuis la flotte jusqu'à l'hameçon, assez de longueur pour que l'hameçon traîne sur le sable et soit aperçu du poisson qui, nous l'avons dit, ne quitte pas le fond de l'eau. C'est surtout en août et septembre et lorsque l'eau est limpide qu'on pêche le goujon avec succès. En octobre et novembre, on peut encore espérer faire une bonne récolte en se servant d'un ver rouge pour l'hameçon et en amorçant l'endroit qu'on a choisi avec des boulettes de terre grasse mélangée d'asticots et de son. Pour la pêche au filet, on réussit avec la trouble et la nasse, surtout quand l'eau n'est pas claire. L'été, on pêche avec un petit épervier à mailles très-serrées, qu'on nomme *goujonnier*. Mais la plus fructueuse de toutes les pêches est celle qu'on appelle *pilonée* et qui se fait au moyen du carrelet ou échiquier. On choisit un endroit où l'on n'est guère à plus d'un mètre à un mètre trente centimètres de profondeur ; on descend le filet jusqu'au sable et on pilone quelques minutes dans le filet avec une perche munie à son extrémité d'un tampon quelconque. Après un instant suffisant, on retire le filet et on recommence la même opération. C'est surtout du 1er août au 1er octobre que la pêche du goujon est fructueuse. On se sert d'hameçons n° 11 ou 12 pour les vers rouges et n° 14 ou 15 pour les vers de viande.

La *perche goujonnière*. — Ce poisson a beaucoup d'analogie avec la perche par ses yeux et la partie supérieure de son corps; avec le goujon par la forme de sa queue et sa couleur. C'est dans les fonds sablonneux qu'on le trouve le plus souvent. Son frai est au mois d'avril. Il se pêche de la même façon que le goujon, si ce n'est que l'hameçon du fond doit être du n° 9 et le deuxième hameçon, placé à vingt-cinq centimètres du premier, du n° 10. On amorce solidement avec un ver rouge de façon que le poisson morde au lieu de s'amuser à ronger le ver, ce qui arriverait si ce dernier dépassait l'hameçon.

L'*ablette*.— Ce poisson appartient encore au genre cyprin et se trouve dans tous les cours d'eau et les étangs d'Europe, mais il affectionne surtout les eaux vives et rapides. Il est reconnaissable par sa couleur blanc-argent, sa tête pointue, sa taille de 8 à 15 centimètres. Sa chair est assez agréable surtout en friture. Il fraye au mois de mai ou au mois de juin. On se sert de ses écailles argentées pour faire des perles factices.

L'ablette se pêche à la ligne seulement pendant les chaleurs; le reste de l'année on la pêche aux filets. La ligne dont on se sert doit avoir 3 m. 25 de longueur; elle est munie en bas d'un crin, au milieu de deux et de trois dans le haut. À environ un mètre de l'hameçon du bas est placée une flotte, et les trois hameçons, placés à une distance de 160 millimètres les uns des autres, doivent être amorcés avec des vers de viande. L'ablette a l'ouïe très-fine et est très-peureuse. On doit donc éviter le moindre bruit et piquer rapidement dès qu'on sent qu'elle a touché à l'appât. On pêche aussi l'ablette aux filets, à l'*ablier*, à l'*épervier dru* formé de mailles très-serrées, mais cette pêche ne réussit que le matin et le soir. L'ablette mord à la ligne toute la journée, surtout de mars en décembre. On se sert pour appâts d'asticots, de vers rouges, de blé cuit, de vers d'eau, de sang caillé.

Le *véron*. Le véron se trouve dans toutes les rivières. C'est un des plus petits poissons de nos rivières. Sa taille n'excède pas huit centimètres. Il fraye au mois de juin. On le reconnaît à sa tête verdâtre et ses nageoires bleues parsemées de tâches rouges. Sa chair est loin de valoir celle du goujon qu'il remplace souvent dans les fritures. On le pêche pendant le jour et par un temps beau. On le prend, comme l'ablette, à la ligne, mais la pêche la plus productive est celle qui se fait à l'épervier dont les mailles doivent être le plus serrées possible.

La *loche*. — Ce poisson est à peu près de la taille du véron et se trouve dans toutes les rivières et tous les ruisseaux. On en distingue deux espèces : la loche *franche* qui porte six barbillons à sa lèvre supérieure ; la loche de *rivière* qui porte deux barbillons à la lèvre supérieure et quatre à la lèvre inférieure. La loche de rivière est plus grande que la loche franche, mais la chair de cette dernière est bien plus estimée. La loche doit se pêcher surtout aux mois d'avril et de mai. On la prend avec des nasses, des verveux, des troubles et toutes sortes de filets à mailles serrées. La pêche à la ligne est presque nulle.

La *bouvière*. — C'est un poisson pour ainsi dire

microscopique dont la taille n'atteint pas plus de six
centimètres. Il affectionne les eaux claires et rapides. Il se pêche aux filets. Sa chair est fort peu
estimée.

L'*ombre*. — C'est un des poissons dont la marche
a la plus surprenante rapidité ; de là son nom. Il fuit
en effet comme une ombre. Il fréquente spécialement
les eaux rapides. Il fraye dans les derniers jours de
mai et se nourrit d'insectes, de vers et de mouches.
Sa taille est d'environ 25 centimètres. Sa chair est
estimée et a beaucoup le goût de celle de la truite.
Elle se pêche d'ailleurs comme la truite. (Voir plus
loin la description de ce poisson.) On se sert d'hameçons n° 9 ou 10 et on amorce avec un ver ou un
asticot.

L'*éperlan*. — Ce poisson si petit, si mince que son
corps est transparent est avec sa chair exquise le
plat le plus délicat. Sa taille ne dépasse pas 15 centimètres. Il se nourrit de vers d'eau et de petits
mollusques. On le trouve dans la mer à l'embouchure
de la Seine. Au printemps qui est le moment de son
frai, il remonte les fleuves et les rivières. Il se pêche
avec des nasses, des guideaux et des échiquiers à
mailles serrées. On trouve dans la Seine une espèce
d'éperlan auquel on a donné le nom d'éperlan de
Seine. On le pêche à la ligne ou au filet. Sa chair est
loin de valoir celle de l'autre.

La *truite*. — Comme le saumon, la truite a la tête
grosse, les mâchoires, le palais, la langue munies de
dents acérées. Sa taille est de 34 à 45 centimètres ;
son poids varie de 500 grammes à 2 kilogrammes.
Dans certains pays, on en trouve cependant qui
pèsent jusqu'à 5 et 6 kilogrammes. Elle est forte,
remonte hardiment les plus rapides courants et fait
parfois hors de l'eau des bonds prodigieux. Elle

fréquente les eaux rapides vives et fraîches surtout.
C'est pour cela qu'elle cherche à gagner, en franchis-
sant les cascades les plus élevées, les lacs des montagnes. Quoique recherchant la fraîcheur, la truite
craint les grands froids et, l'hiver, elle recherche les
fleuves et les grandes rivières, pour fuir la glace.
Elle se nourrit de mouches, d'insectes, de petits
poissons tels que la loche, le goujon. Elle fraye, en
France, dans les derniers jours de l'automne, et dépose ordinairement ses œufs, gros comme des petits
pois, sur les graviers qui forment le fond des petits
ruisseaux qu'elle recherche pour leur eau courante
et peu profonde. La truite, un des plus jolis poissons
d'eau douce pour sa forme et ses couleurs est un mets
délicieux. Nous avons donné dans un précédent chapitre sur les instruments de pêche, la description des
lignes dont on se sert pour la pêche de la truite.
Nous rappelons que l'appât doit toujours être vivant,
et la pointe de l'hameçon complétement dérobée aux
regards défiants du poisson. Le véron mort cependant
fait exception; la truite mord facilement, mais le
véron vivant, surtout dans les eaux profondes et
sombres est le meilleur appât. On doit l'attacher à
l'hameçon n° 5 par la nageoire dorsale. Janvier,
février et mars, sont les meilleurs mois pour la pêche à fond; l'été on peut aussi pêcher avec succès
dans les eaux troubles et les haïs. On pêche souvent
la truite à la mouche artificielle, mais la mouche
naturelle réussit beaucoup mieux. Pour prendre les
grosses truites on emploie un appât nommé *diable*,
qu'on trouve chez les marchands d'ustensiles de pêche. C'est une espèce de chenille faite de soie, de
cuir et de fil d'argent et d'or, qui se termine par un
bout de fer-blanc en queue de poisson, et muni de
six ou sept hameçons. On pêche aussi la truite au

filet, avec les nasses, les louves, le tramail. Les appâts qu'on doit choisir de préférence sont du mois de mars en août; des queues d'écrevisses, des vers de terre, des hannetons, des mouches, du menu poisson. En mars et avril des vers rouges, des mouches artificielles. En mai et août des mouches artificielles et des grosses mouches. C'est surtout par un temps brumeux, le matin ou le soir que la pêche est abondante.

La *truite saumonée* ressemble en même temps à la truite et au saumon; elle en a les habitudes. Sa chair rougeâtre est un mets très-délicat. Sa taille est de 55 à 70 centimètres; son poids dépasse souvent 4 kilogrammes. Son frai est vers le mois de mai, époque où elle quitte la mer pour remonter dans les rivières et les fleuves de l'intérieur. Elle se pêche de la même façon que la truite proprement dite.

Le *saumon.* — Plus gros que la truite, le saumon est aussi fortement denté qu'elle, mais est encore plus vorace. D'ailleurs il en a les habitudes. Sa rapidité est prodigieuse. Il remonte les plus forts courants et peut faire jusqu'à 40 kilomètres dans une heure. Au commencement du printemps il quitte la mer et remonte les fleuves et les rivières où la femelle dépose ses œufs dans le sable. Vers leur cinquième année seulement, les saumons commencent à se reproduire. Les petits ne vont à la mer que lorsqu'ils ont atteint la taille d'environ 28 à 30 centimètres. A cinq ou six ans, le poids d'un saumon est de cinq ou six kilogrammes. Dans le Nord il atteint des proportions colossales; et en Ecosse, en Suède, il n'est pas rare d'en trouver qui pèsent 40 kilogrammes. Le saumon se nourrit comme la truite; sa chair est fort recherchée; dans le Nord on la fume et on la sale, mais le saumon frais et préférable. Ce poisson se pêche de la même façon que la truite ; mais il est évident que vu la grosseur et la force du poisson, on doit employer des cannes et des lignes plus fortes, des appâts plus gros que pour la truite. On le pêche encore au filet, aux verveux, aux guideaux, à l'épervier.

La lotte. — On trouve la lotte dans les cours d'eau rapides et clairs, elle se blottit sous les pierres ou dans les trous qu'elle creuse sous les rives. Elle a quelque ressemblance avec l'anguille et porte sept rangées de dents acérées. Elle est grande de 30 à 60 centimètres. Sa chair est bonne ; son foie est spécialement goûté des gourmets. Elle fait sa nourriture de menus poissons qu'elle attire en remuant le barbillon qu'elle porte à sa mâchoire inférieure et que l'imprudent petit poisson prend pour un ver. Son frai est en décembre et janvier. Elle est très-vivace et en la nourrissant de sa pâture ordinaire, on peut la garder plusieurs jours vivante. La lotte se pêche aux filets, souvent aussi aux lignes de fond. La pêche a lieu seulement la nuit, car, malgré les assertions de certains pêcheurs, il est rare que ce poisson sorte le jour de sa retraite.

L'alose. — Poisson à la fois de mer et de rivière, l'alose a beaucoup d'analogie avec le hareng. Habitant de la mer, c'est seulement vers mars et avril qu'il remonte dans les fleuves pour déposer son frai. En automne il retourne à la mer. Sa taille atteint jusqu'à un mètre ; son poids ne dépasse guère deux kilogrammes. Il abonde surtout dans la Loire, le Rhin et le Rhône ; on en pêche souvent aussi dans la Seine. Sa chair est estimée surtout quand on le pêche dans les fleuves et les rivières. L'alose se plaît dans les eaux paisibles ; c'est donc surtout dans les anses et les baies qu'il faut chercher ce poisson qui se pêche la nuit et quand l'eau est trouble, aux filets tels que la senne, la trouble, le tramail.

La *lamproie*. — La lamproie est elle aussi un poisson marin qui ne quitte la mer que pour venir, en mars, frayer dans les fleuves et les rivières. Elle a la forme du serpent, la bouche ronde et garnie de plusieurs rangées de dents; elle en a même sur la langue. «Elle ne mord pas, dit M. Renauld; elle a un appareil suceur pneumatique comme la sangsue à l'aide duquel elle s'attache au corps des poissons dont elle veut faire sa proie. » Elle est très-vorace et s'attaque aux plus gros poissons. Sa chair quoique d'un goût huileux est très-estimée. Sa taille est d'environ un mètre. Dans la Seine, on trouve la lamproie rouge ou lamproie sept-œils (à cause des sept trous bronchiaux qu'elle a de chaque côté de la tête et par lesquels elle respire; elle a de 30 à 50 centimètres. La *lamproie sucet* ou de *rivière*, bien plus petite, se trouve surtout dans l'Eure. La lamproie se pêche avec des louves et des nasses. Il est impossible de la prendre à la ligne, puisque, comme la sangsue, elle ne fait que sucer.

Le *chabot*. — Le chabot abonde dans la Seine. Il est remarquable par sa grosse tête attachée à un corps conique qui le fait ressembler à un têtard. Le ventre des mâles est jaune, celui des femelles blanc. Comme l'anguille il a le corps enduit de viscosités. Il n'atteint guère comme taille au delà de 10 centimètres. Sa chair n'est pas à dédaigner. On le trouve dans toutes les rivières. Il fraye en mars et avril. Il se reproduit beaucoup, mais dévore ses petits. Il se pêche aux filets, aux nasses et aux troubles.

La *perche*.— C'est un poisson d'eau douce, couleur d'or mêlé de jaune et de vert. Elle est facile à reconnaitre à la défense qu'elle porte sur le dos et à ses deux nageoires dorsales dont la première a quinze rayons piquants, la seconde quatorze. Ses écailles sont d'une extrême dureté; ses mâchoires munies de dents très-pointues, ainsi que son palais et son gosier. Sa taille varie de 35 à 45 centimètres, son poids de 1 kilogramme à 1 kilogramme et demi. En Angleterre, cependant, on en trouve dont le poids va jusqu'à 5 kilogrammes. La perche fraye au printemps, mais c'est seulement lorsqu'elle a atteint l'âge de trois ans qu'elle commence à reproduire. Elle est vorace et fait sa nourriture ordinaire de grenouilles, de petits poissons, d'insectes aquatiques, d'épinoches. Elle est très-vivace et, de même que la carpe, peut vivre longtemps hors de l'eau. Sa chair délicate est fort recherchée; sa peau sert à faire de la colle. — La perche étant très-vigoureuse il est nécessaire, pour la pêcher, de se servir d'ustensiles très-forts. On emploie une ligne longue de 5 mètres, faite de huit crins dans le haut, de six au milieu et de quatre au tiers inférieur. Cinq boyaux de vers à soie unis les uns aux autres sont attachés à cette ligne; sur le dernier est empilé l'hameçon du n° 5; on met un bouchon à la ligne et un plomb au boyau, à environ 160 millimètres de l'hameçon. On se sert aussi de la ligne à moulinet qui est la meilleure pour les gros poissons. Cette pêche demande beaucoup de précautions et on ne doit piquer que lorsque le poisson a eu le temps d'avaler l'appât. La perche se trouve principalement dans les rivières dormantes et profondes, près des ponts, des moulins, des écluses. C'est surtout de grand matin et au crépuscule que la pêche est productive; on la commence en février, les mois les meilleurs sont septembre, octobre, novembre, février et mars. On amorce de juin en décembre avec des vers rouges, des vers de terre, du bœuf ou du veau cuits, des poissons morts. De juin à septembre, les petits poissons en vie sont les meilleurs appâts.

Dans les étangs on prend la perche avec les filets, l'épervier, la senne. Dans les rivières on se sert aussi du tramail.

L'anguille. — L'anguille ressemble, par la forme cylindrique et allongée de son corps, au serpent. Elle en diffère organiquement en ce qu'elle n'a pas de poumons et respire comme tous les poissons, et par ses nageoires qu'on ne trouve même pas chez les serpents d'eau. Sa tête est petite, ses écailles presque invisibles; son corps, dont le dessus est noirâtre, le dessous blanc ou rouge, est enduit d'une humeur visqueuse qui lui permet d'échapper à la plus forte étreinte. L'anguille croît lentement; elle commence à reproduire à 12 ans jusqu'à 80 ans. Elle est forte, agile et très-rapide. Elle peut se mouvoir sur terre, et on en a vu, dans des étangs à sec, parcourir des espaces considérables. Sa taille est très-grande; il n'est pas rare d'en pêcher qui sont longues de 3 à 4 mètres et du poids de 10 kilogrammes, surtout en Italie et en Angleterre. Elle est très-vivace et se nourrit de petits poissons, de vers, du frai des autres poissons; sa chair est fort estimée. — On pêche l'anguille aux trainées, du 1er juin à la fin de juillet en amorçant avec des vers de terre; au mois d'août on amorce avec de petits poissons, en septembre et octobre avec des ablettes. La trainée est une corde à laquelle sont attachés de 1 mètre 1/2 à 2 mètres de distance des hameçons nº 3, empilés sur une forte ficelle de chanvre écru. On tend la trainée le soir et on la lève le matin. On pêche aussi l'anguille à la ligne à soutenir (que nous avons plus haut décrite) en amorçant avec des vers rouges. En novembre on pêche aux jeux, la nuit, et pendant le jour si l'eau est bourbeuse. On pêche encore avec des nasses, des verveux, des guideaux. La pêche à la *fouane* se fait aux flambeaux. La fouane est un harpon à plusieurs crochets qu'on enfonce dans la vase et les herbes. Dans les étangs à sec, on prend les anguilles à la main; on doit être pour cela ganté de gants de peau. Beaucoup de pêcheurs, surtout ceux de la Seine, prennent l'anguille avec un instrument qui porte le nom de *vermille*. C'est une forte ficelle garnie de vers; les anguilles, surtout les jeunes, sont par ce moyen prises par milliers.

L'épinoche. — C'est un petit poisson auquel on a donné le surnom de savetier. On ne pêche pas l'épinoche qui ne peut même pas servir d'appât.

L'écrevisse. — L'écrevisse est un crustacé qui abonde dans les rivières et les ruisseaux; on la trouve aussi dans les étangs et les lacs. Elle se nourrit d'insectes morts et vivants, de poissons morts, de toutes substances animales. Elle multiplie beaucoup, mais seulement dans les eaux vives. C'est seulement lorsqu'elles ont 4 ans qu'elles sont bonnes à manger. Tout le monde connaît ce mets délicat, comme les manières de le pêcher. La pêche à l'écrevisse est un vrai divertissement, elle est aussi amusante que facile. La pêche la plus fructueuse est celle qu'on fait aux *péchettes* ou *balances*. Ce sont des cerceaux de bois ou de fil de fer de 35 à 40 centimètres de diamètre, auxquels on adapte des filets plats; chacun de ces filets est suspendu à trois ficelles qu'on noue ensemble; on suspend le tout au bout d'une baguette, on amorce avec une grenouille écorchée ou n'importe quel morceau d'animal mort, et l'on descend dans l'eau le filet qu'on doit avoir soin de maintenir en place. Avec une douzaine de balances placées à quelques mètres de distance, on est sûr, si l'endroit est bon, de faire une pêche abondante, et on a assez à faire de visiter ses filets pour changer les appâts, après avoir enlevé les écrevisses. La pêche *aux fagots* est aussi très en usage. On prend un fagot de petites branches, on y introduit les appâts que nous venons d'indiquer ; on jette dans l'eau le fagot qu'on retient au fond au moyen d'une pierre, et au bout d'un ou deux jours on le retire avec de nombreuses écrevisses. On pêche aussi l'écrevisse à la main en fouillant les trous où elle se cache au-dessous du niveau de l'eau ; la nuit, on la pêche au flambeau, surtout par les chaleurs et les temps d'orage, alors qu'elle se promène sur le sable.

La *grenouille*. — La chair de la grenouille, blanche et savoureuse, est d'une extrême délicatesse. On ne mange que les cuisses que la plupart des pêcheurs séparent du reste du corps qu'ils rejettent à l'eau. On appelle cette opération dépiauter. La grenouille se pêche à la ligne amorcée avec du cœur de bœuf, des insectes vivants ou un simple morceau de drap rouge. Elle est très-vorace et mord rapidement. Néanmoins, on doit observer le plus grand silence, car elle est défiante et peureuse ; chacun sait combien vite elle a soin de plonger dans l'eau lorsque étant venue sur la berge, elle entend le moindre bruit. De même que les écrevisses, on pêche aussi les grenouilles la nuit aux flambeaux ; on peut alors les prendre facilement à la main lorsqu'elles sortent de leurs trous. Certains pêcheurs ont un moyen original de faire une pêche productive. Ils mettent une grenouille mâle vivante dans un verre qu'ils placent au bord de l'étang. On voit bientôt venir en grand nombre les grenouilles attirées par les coassements de la captive et, au moyen d'une trouble, on en prend à son gré. Les heures les meilleures pour la pêche sont, le matin, au lever de l'aurore, et le jour, au moment de la grande chaleur, lorsque les grenouilles sortent de l'eau Les grenouilles se trouvent dans les étangs, les marécages, les fontaines.

Pas plus que l'écrevisse, la grenouille ne fait point véritablement partie de l'espèce poisson, mais ces deux mets délicats qu'on trouve dans l'eau comme le goujon, la carpe, l'anguille, doivent avoir leur place dans un traité de pêche.

Nous ne terminerons pas ce chapitre sans donner à nos lecteurs quelques conseils pour la conservation des poissons. Il y a de nombreux traités de pêche; chacun a dit son mot là-dessus. Voici le moyen bien simple que nous donnons, pour la conservation du poisson pendant les fortes chaleur : A ces époques, il n'est pas rare que le poisson pêché soit complétement gâté quelques heures après, même avec les précautions qu'ont beaucoup de pêcheurs de mettre les poissons pris soit dans de l'eau, soit sur des herbes humides. Pour conserver son poisson intact, même pendant deux jours, on n'a qu'à se munir d'une canne ou d'une perche dont une extrémité pointue s'enfonce dans la terre; l'autre extrémité est munie d'un anneau. Chaque fois qu'on prend un poisson, on lui passe une ficelle dans les ouïes, et on le suspend à l'anneau de la perche. La chaleur du soleil absorbe immédiatement l'humidité du poisson et empêche la corruption. J'ai, de cette sorte, aux mois de juillet et d'août, mangé des poissons pêchés deux et trois jours auparavant et qui réunissaient toutes les conditions désirables de fraîcheur.

CHAPITRE VIII.

Des filets employés dans la pêche des rivières et des étangs.

La pêche au filet, si elle rapporte immensément plus que la pêche à la ligne, demande aussi certaine science et surtout une grande dépense. Elle n'est guère pratiquée que par les pêcheurs de profession. Aussi comme nous nous adressons spécialement aux pêcheurs à la ligne et aux amateurs, passerons-nous rapidement sur les diverses sortes de filets.

On compte l'*épervier*, l'*échiquier* ou *carrelet*, la *trouble*, le *vervaux*, la *louve*, le *guideau*, les *nasses*, le *tramail*, la *senne*.

L'*épervier* est un grand filet qui a la forme d'un entonnoir et que tout le monde connaît; sa description est donc inutile ici. Chacun n'est point capable de s'en servir; son maniement demande de la force, mais encore plus d'adresse. Empruntons à M. Renauld et à son *parfait pêcheur à la ligne et au filet*, la manière de le lancer :

« 1° Vous chargez peu l'épaule gauche pour ne pas ralentir le lancé;

« 2° Vous levez le coude gauche pour empêcher cette portion de filet de glisser avant le lancé;

« 3° Vous laissez tomber en tablier la faible moitié de ce qui reste du filet lorsque l'épaule est chargée et vous prenez dans la main droite la plus forte moitié;

« 4° Ainsi chargé, vous balancez le corps pour mettre en harmonie les différentes parties du filet; puis prenant votre élan de gauche à droite, vous lancez vivement le tout en avançant les deux bras le plus possible devant vous, pour servir de conducteur à l'épervier.

« Le filet bien lancé décrit un cercle parfait, et, comme préalablement vous avez passé dans votre bras, par un nœud coulant la corde ou *trempet*, ce cordeau vous sert à retenir le filet. Résumons en quelques mots cet exercice difficile. Supposez votre épervier en tas, sur le pré :

« 1º Vous passez par un nœud coulant la corde dans votre bras ;

« 2º Vous brassez cette corde à votre facilité, de manière cependant à ne pas trop remplir la main ; ne brassez pas trop court, c'est-à-dire ne formez pas un trop grand nombre de brasses dans la main gauche ; quand vous avez brassé la corde, vous brassez de la même façon le filet en trois parties ;

« 3º Vous prenez le filet par l'extrême gauche, vous le jetez sur l'épaule gauche en levant le coude du bras gauche pour l'empêcher de glisser ;

« 4º La plus petite moitié de ce qui reste quand votre épaule est chargée doit pendre devant vous en tablier ;

« 5º Vous saisissez alors, de votre main droite, la plus forte moitié.

« 6º Vous balancez votre élan de gauche à droite ;

« 7º Vous lancez alors et lâchez tout en avançant le bras.

« Quand l'épervier est bien descendu au fond de l'eau, vous tirez à vous doucement la corde qui est restée au bras, afin de vous assurez que rien ne retient l'épervier, puis, tirant tantôt sur la droite, tantôt sur la gauche, sans trop de précipitation, vous facilitez ainsi la réunion des balles de plomb, si parfois quelque entrave s'opposait à leur jonction.

Quand vous arrivez à fleur d'eau, gardez vous d'agir avec précipitation ; retirez doucement le filet, sans cela, vous courriez risque de laisser échapper le poisson que ses mailles retiennent prisonnier. »

Si l'on veut faire une bonne pêche, on doit, avant de jeter l'épervier, appâter l'endroit choisi, avec du chènevis, des graines, du son. Dans les eaux courantes et agitées on doit jeter l'épervier à l'endroit le plus calme ; dans les eaux dormantes, il faut le jeter à l'endroit où le courant est le plus rapide. Après la pêche on doit soigneusement laver l'épervier, de façon à en retirer toute épine qui pourrait le déchirer, et à l'empêcher de pourrir. Puis on l'écarte et on le suspend par la culasse.

L'*échiquier* ou *carrelet* qu'on emploie fréquemment, n'est autre chose qu'une nappe carrée de 1 à 2 mètres de côté, tendue sur deux moitiés de cerceau croisées, attachées au bout d'une perche. Il est bon que ce filet soit en forme de poche, de façon que le poisson une fois pris ne puisse s'enfuir. On descend l'échiquier dans l'eau et on le maintient avec la perche au fond, dans une position horizontale. Aussitôt que l'on voit des poissons passer au-dessus de lui, on le relève rapidement, afin de surprendre le poisson. Dans les eaux courantes et profondes, on laisse l'échiquier entre deux eaux ; le courant lui fait prendre une position verticale et le poisson qui nage au fil de l'eau vient se prendre dans la poche. La pêche à l'échiquier n'est guère facile lorsque l'eau est trouble, car on ne peut apercevoir le poisson.

La *trouble* est un filet rond ou en demi-cercle, en forme de poche, avec une large ouverture et une longue queue ; on le monte sur un arc en bois qu'on attache à une espèce de fourche. On pêche peu à la trouble. Cependant quand les eaux sont troubles on peut faire une bonne récolte, car les poissons ne voyant pas le filet sont facilement faits prisonniers.

Le *verveux* est, comme l'épervier, en forme d'entonnoir, de 1 mètre à 1 mètre 60 de long. Il est soutenu à l'extérieur par cinq ou six cerceaux d'osier, de façon à ne point se fermer sous l'action du courant. Une corde attachée à sa pointe le fixe à l'endroit où l'on veut pêcher. A l'intérieur est un petit filet aussi en forme d'entonnoir et terminé par une ouverture très-petite, de sorte qu'une fois le poisson entré, il ne puisse plus sortir.

La *louve* n'est autre chose qu'un verveux à deux entrées, c'est-à-dire un double verveux.

Le *guideau* a la forme d'une longue chausse dont l'ouverture est large et qui va toujours en diminuant de largeur. Sa longueur est de 10 à 12 mètres. C'est le filet le plus destructeur, car il arrête les plus petits poissons, même le frai, et le poisson y meurt dès qu'il y est entré. Pour pêcher au guideau, on tourne toujours l'ouverture du côté du courant.

Les *nasses*. La nasse est un verveux en osier avec lequel on fait des pêches très-abondantes. Le goulet de son ouverture est garni de brins d'osier très-souples qui sous la pression du poisson s'inclinent à l'intérieur mais reprennent, aussitôt le poisson passé, leur position par un mouvement rapide d'élasticité. Il y a aussi des nasses à deux ouvertures, comme les louves.

Le *tramail* se compose de trois filets placés l'un sur l'autre en forme de nappe. Des morceaux de liége le font tenir verticalement sur l'eau et du plomb le retient au fond. Le tramail est toujours très-large. On enceint avec, tout un morceau de rivière, même la rivière entière; avec des perches on fourgonne dans l'eau, et le poisson effarouché, vient s'emmailler dans le filet.

La *senne* ou *seine*, comme le tramail, munie de liége et de plombs, est un filet à mailles simples. Sa grandeur est en raison de la profondeur du courant où l'on pêche. Elle doit être très-longue, de façon à pouvoir barrer une rivière. Il ne faut pas moins de cinq ou six personnes pour manœuvrer une senne, et encore faut-il être pêcheur expert. La pêche à la senne est destructive; elle se fait à la traîne et sur des fonds unis; sur des fonds irréguliers le filet ne peut couvrir tout l'espace et le poisson s'échappe par les intervalles qu'il laisse. D'ailleurs c'est une pêche que ne pratiquent pas les pêcheurs amateurs.

CHAPITRE IX.

De la pisciculture et des aquariums.

Le poisson vit partout où il y a de l'eau, dans les rivières et les étangs, dans les plaines les plus étendues, comme dans les lacs des plus hautes montagnes et des mines les plus profondes. De l'équateur aux pôles, partout on rencontre des poissons. Sous n'importe quelle température, dans n'importe quelle contrée, le poisson vit et multiplie d'une façon merveilleuse. Toutes les eaux lui sont bonnes, selon l'espèce à laquelle il appartient. Il en est même qui vivent indistinctement dans l'eau salée et dans l'eau douce, comme le saumon, l'alose, l'anguille. Le poisson ne donne pas seulement à l'homme de l'agrément par sa pêche; il est aussi un des plus abondants et des meilleurs aliments qui nourrissent les populations; et les sociétés, dans leur intérêt, ont cherché à aider encore à la multiplication déjà si extraordinaire des poissons, comme elles ont cherché à le faire pour les animaux domestiques, comme elles ont cherché à améliorer la culture des champs, où poussent la fleur qui réjouit les yeux, et le blé, les céréales qui font vivre le monde, mûris par le soleil de Dieu. Alors est née la *pisciculture*. Et ce n'est pas d'aujourd'hui qu'elle est née. Dès la plus haute antiquité, les Chinois la pratiquaient avec succès. Les Romains s'occupaient aussi d'empoissonner leurs lacs, leurs étangs, leurs rivières. En France ce fut plus tard qu'on songea à la pisciculture. Le xive siècle fut témoin de quelques essais, et nous voyons l'italien Spallanzani en 1768 chercher, pour aider à la multiplication naturelle, si on ne pourrait pas arriver à la multiplication articielle. « En 1770, dit M. Renauld, un prêtre de Grenoble parvint à peupler avec des truites empruntées au lac de Genève plusieurs lacs du Dauphiné. Dans la même année, Jacobi fit paraître à Paris un travail sur la pisciculture. » Il semblait que cet art allait enfin prendre des proportions dignes de lui ; il n'en fut rien ; malgré les efforts de ses adeptes, pendant la Révolution et l'Empire, la pisciculture fut mise à l'index. On songeait alors à tuer et non à reproduire. Avec la paix on revint à la pisciculture, et la reproduction naturelle, la reproduction artificielle marchèrent coude à coude vers le succès. Nous ne ferons pas ici leur histoire, il nous faudrait un volume. Nous dirons seulement en quelques mots comment en s'inspirant des trouvailles de Gehin et Remy entre autres pêcheurs, qui parvinrent à découvrir comment les poissons se reproduisent, les pisciculteurs entendent la reproduction naturelle et la reproduction artificielle.

Fécondation naturelle. — La pisciculture n'est autre que l'art de peupler les eaux, d'y acclimater les divers genres, de les multiplier. Les moyens naturels sont bien simples : on transporte dans les pièces d'eau que l'on veut empoissonner les œufs ou l'alevin des poissons. On arrive facilement à conserver et à propager les diverses espèces de poissons en employant les moyens suivants : « A l'époque de la fraye ou de la ponte, on doit s'abstenir de pêcher les espèces qu'on désire propager, de les troubler dans leurs mouvements, de les déranger enfin dans l'acte de la reproduction. On doit même leur faciliter l'entrée des *frayères* qu'elles choisissent habituellement. Il serait important qu'après la ponte, la fréquentation de ces frayères pût être interdite aux oies et aux canards qui détruisent souvent le frai déposé dans les herbes et qui dévorent le fretin. Pour pouvoir prendre les mesures propres à favoriser la fécondation du poisson, il est nécessaire de connaître aussi exactement que possible, *pour chaque cours d'eau*, les époques de la fraye des espèces les plus importantes. Dans la plupart des régions de la France, la fraye s'accomplit habituellement aux époques suivantes : brochet, de janvier à mars; perche, avril et mai; alose, mai et juin; barbeau, carpe, chevenne, tanche, mai à juillet; truite, saumon, ombre, de novembre à janvier » (1).

Fécondation artificielle. — Un savant professeur du Collége de France, M. Coste, indique, dans un Mémoire sur la pisciculture, comment s'opère la fécondation artificielle à laquelle il s'est voué comme à une science des plus fécondes. Tout le secret est là dedans, expliqué avec autant de talent que de clarté :

« Après avoir choisi un vase de verre, de faïence, de bois et même de fer-blanc, dont le fond soit plat et aussi évasé que l'ouverture, afin que les œufs puis-

(1) Instruction pratique pour le repeuplement des cours d'eau. — Imprimerie impériale, mai 1860.

sent s'y étendre sur une certaine surface et ne s'y accumulent pas en un bloc difficile à pénétrer, on verse dans ce vase, préalablement nettoyé, une ou deux pintes d'eau bien claire ; puis on saisit une femelle que l'on tient par la tête et le thorax avec la main gauche, pendant que la main droite, le pouce appuyé sur la face ventrale de l'animal, et les autres doigts sur la région dorsale, glisse comme un anneau, d'avant en arrière, et refoule doucement les œufs vers l'ouverture qui doit leur livrer passage. Si ces œufs sont mûrs et déjà dégagés des capsules de l'ovaire, la plus légère pression suffit pour les expulser et l'abdomen se vide sans que la femelle délivrée en éprouve aucun dommage, car, l'année suivante, elle devient aussi féconde que celle dont la ponte s'est naturellement accomplie. Si, au contraire, pour amener ces œufs au dehors, on est obligé d'agir avec une certaine violence, on peut être assuré que l'opération est prématurée. Il faut renoncer alors et tant que dure cette résistance à des tentatives inopportunes, remettre la femelle dans le vivier et attendre que le travail de maturation soit arrivé à son terme.

« On se hâte alors de renouveler l'eau du récipient, afin de la purger des mucosités que le frottement de la peau des femelles a pu y mêler, et l'on prend aussitôt un mâle dont on exprime la laitance par un procédé semblable à celui qui a permis d'obtenir des œufs. Si cette laitance est à l'état de parfaite maturité, elle coule abondante, blanche et épaisse comme de la crème ; et dès qu'il en est ainsi tombé assez pour que le mélange prenne l'apparence du petit lait, on juge que la saturation est suffisante. Mais pour que les molécules fécondantes se répandent partout d'une manière uniforme, il faut avoir la précaution d'agiter ce mélange et de remuer doucement les œufs avec la main, afin qu'il n'y ait pas un seul point de leur surface qui ne se trouve en contact avec les éléments qui doivent les pénétrer; puis, après un repos de deux ou trois minutes, on dépose ces œufs vivifiés dans les ruisseaux à éclosion. C'est sur des claies ou des corbeilles plates que, dans nos ruisseaux à éclosion, nous plaçons les eaux fécondées. Les fines mailles de leurs parois forment un crible à travers lequel passent les détritus contenus dans le liquide à la surface duquel ces claies ou ces corbeilles sont immergées. La position superficielle qu'on leur donne, rend l'observation si commode que rien n'échappe à la surveillance d'un gardien un peu attentif.

«De là, par des moyens aussi simples qu'ingénieux, les jeunes poissons introduits dans des viviers sont convertis en alvins. Des coffres en bois, garnis d'une porte, ou ventille à coulisse, servent naturellement de retraite aux jeunes poissons; il ne s'agit que de les y renfermer lorsque le moment sera venu d'expédier un certain nombre de ces coffres dans les diverses parties de la France où il y a des eaux à repeupler. »

C'est par ce système qu'est repeuplé par MM. Berthot et Detrem, le magnifique établissement modèle d'Huningue, et, tout récemment, la rivière du bois de Boulogne, près de Paris, a été peuplée de cinquante mille jeunes saumons, venus du savant laboratoire du Collége de France.

Il a été difficile d'en arriver au degré de perfection où la reproduction artificielle en est aujourd'hui. Il a d'abord été nécessaire de trouver les meilleures espèces de poissons, les plus fécondes. Il a fallu découvrir leurs frayères, s'emparer des poissons au moment de leur ponte. Cela était hérissé de difficultés. On a cherché à arriver plus facilement; on a trouvé, On a construit des viviers, des barques dans lesquelles, grâce à de minces ouvertures, entre l'eau vive des rivières. On y a mis à l'avance les poissons destinés à la reproduction, c'est là qu'ils ont grandi, y trouvant toutes les conditions nécessaires à leur existence et à leur bonne conformation, et c'est au moment où la ponte arrive pour ces individus qu'on les prend et qu'on pratique comme nous venons de l'indiquer par le rapport de M. Coste. C'est une trouvaille du génie humain a qui rien n'est impossible!

DES AQUARIUMS.

Le mot aquarium est un mot nouveau. C'est par lui qu'on désigne toute espèce de réservoirs grands ou petits dans lesquels on conserve vivants dans l'eau, les poissons marins et d'eau douce, les plantes aquatiques. M. Coste, que nous venons de citer, a construit au collége de France un aquarium qui peut servir de modèle aux amateurs.

« Ce réservoir, de forme rectangulaire, est composé de quatre glaces maintenues par un encadrement de fer; une pierre bleue de Belgique forme le fond du bassin. Il est rempli d'eau de mer artificielle préparée au moyen de proportions déterminées de sel marin, de sulfate de magnésie, de chlorures de magnésium et de potassium. L'eau s'y renouvelle continuellement; en même temps, une petite roue à augets, qui plonge dans le liquide et qui est mue par une manivelle, sert à l'agiter de temps en temps afin de l'aérer et de produire ces petites vagues qui paraissent nécessaires à l'existence des êtres marins. Mais comme l'eau habitée exclusive-

AQUARIUMS D'APPARTEMENTS.

ment par des animaux se corromprait bien vite, on
y a introduit des plantes à l'état de végétation. Le
fond de l'aquarium est occupé par des algues, des
varechs et autres plantes marines reposant sur un
lit de sables, de roches ou de galets. Sur cette couche
minérale sont placés des buccins, des étoiles de mer,
des sèches, plusieurs variétés d'actinies, des ser-
tulaires, des annélides de toute espèce. Un aquarium
ainsi disposé donne le moyen de conserver vivantes
une foule d'espèces zoologiques peu connues. Il permet en même temps de procéder à des effets de
fécondation artificielle sur divers animaux marins. »

Ceci se rapporte, moins la grandeur, le sable, les
graviers, les plantes et le plus ou moins de com-
plications que peuvent nécessiter certaines espèces
de poissons, à tous les aquariums. Celui du jardin
zoologique d'acclimatation de Paris, que l'on doit
aussi à M. Coste, ne manque pas d'être visité par tous
les voyageurs; il reçoit les plus beaux poissons d'eau
douce, de l'établissement modèle d'Huningue. On a
créé depuis peu d'années plusieurs autres aquariums,
à Paris, celui de l'Exposition universelle, au Hâvre,
l'aquarium de l'exposition maritime, l'aquarium d'eau
douce, enfin le magnifique et intéressant aquarium du
boulevart Montmartre qui est une véritable école de
pisciculture.

Le branle est donné, le monde s'attachera aux
aquariums. Toute grande propriété, tout château aura
son aquarium, à la fois pour son plaisir, son orne-
ment et son alimentation.

Mais voilà que l'aquarium avant de faire son appa-
rition dans les campagnes, s'est fait petit et a pris
place dans les appartements entre la pendule et le
secrétaire, en attendant que plus grand il aille faire
mirer dans son eau les regards du soleil des champs.

Un inventeur de Paris, M. Luneau, a créé des aquariums dits d'appartement; on en renouvelle l'eau instantanément au moyen de robinets dont ils sont munis. « Ils sont, dit M. Renauld, en fer ou en bronze fondu, et, selon leur destination, ils affectent les formes les plus simples comme les plus élégantes; c'est ainsi qu'ils sont émaillés intérieurement et décorés richement, à l'extérieur de peintures au four. » Les carreaux se fixent comme des carreaux ordinaires avec du mastic sur lequel les retiennent des vis à pression. C'est joli et simple.

Chacun veut son aquarium. Il n'est guère de café où vous ne voyiez tourner autour de leur prison liquide de jolis poissons rouges ou aux mille couleurs. Dans le salon du grand monde, comme dans les salons bourgeois, dans l'appartement de l'ouvrier comme dans la chambre de l'étudiant et de l'artiste, vous voyez un aquarium: qu'il soit riche ou modeste, qu'il sorte des ateliers de M. Luneau, ou que ce soit un simple vase en verre, sablé et semé de végétaux entre lesquels frétillent les plus jolis ou les plus communs poissons, c'est un aquarium! On a son aquarium. Ce n'est pas tout à fait cela! c'est égal, ça en a quelque chose. Chacun selon ses moyens! Le monde est ainsi fait; on a envie de ce qu'on voit aux autres, de ce qu'on sait être à la mode, et on passe son envie selon la rondeur de sa bourse; le tout est d'être heureux et on est heureux quand on croit l'être. Une robe neuve d'indienne fait autant de plaisir à une honnête ouvrière qu'une robe de velours à une marquise.

FIN.

Paris-Imp. PAUL DUPONT, 41 rue Jean-Jacques-Rousseau.

DESACIDIFIÉ
A SABLE : 1998

www.ingramcontent.com/pod-product-compliance
Ingram Content Group UK Ltd.
Pitfield, Milton Keynes, MK11 3LW, UK
UKHW020007100726
13658UKWH00002B/847

9 782019 952136